∙∙∙ Títulos relacionados

ADGN0108
FINANCIACIÓN DE EMPRESAS

[DISPONIBLE CERTIFICADO COMPLETO]

Solicítalos en:
- Librería
- www.paraninfo.es
- Solicitudes nacionales +34 914 463 350
- Solicitudes fuera de España +34 913 308 907, +34 913 308 919

Análisis de productos y servicios de inversión
UF0338

Fernando Díaz Pérez

Paraninfo

© 2025 Ediciones Paraninfo, S. A.
© 2025 Fernando Díaz Pérez

Maquetación: Ediciones Nobel, S. A.

Impresión: Liberdigital (Casarrubuelos, Madrid)
ISBN: 978-84-283-7070-7
Depósito legal: M-2387-2025

Impreso en España

Fernando Díaz Pérez (Oviedo, 1976) es licenciado en Administración y Dirección de Empresas. Tiene una amplia experiencia en el campo de la gestión financiera y fiscal de empresa tanto por cuenta ajena como propia. Además, es profesor desde hace más de veinticinco años en dichas áreas formativas, impartiendo numerosos cursos de formación para el empleo y formación continua y para empresas en diversos centros y academias. Ha sido autor-tutor-colaborador en la elaboración de la parte financiera de diversos planes de empresa y actualmente continúa con su labor docente, que compagina con su trabajo como asesor fiscal.

Índice

Introducción normativa

La Ley Orgánica 3/2022, de 31 de marzo, de ordenación e integración de la Formación Profesional, contiene una disposición derogatoria única que afecta a la regulación de los certificados de profesionalidad, ahora denominados **Certificados Profesionales.** La referida normativa deroga la Ley Orgánica 5/2002, de 19 de junio, de las Cualificaciones y de la Formación Profesional, y abre un escenario de cambios que se irán implementando progresivamente.

La Ley Orgánica 3/2022, de 31 de marzo, de ordenación e integración de la Formación Profesional implica que toda la formación es acumulable. La oferta formativa se estructura de forma escalonada, siendo los Certificados Profesionales un nivel intermedio (Grado C) de una escala que va desde el Grado A hasta el E.

En los artículos 35 a 38 de la Ley 3/2022 se describe en qué consisten estos Certificados Profesionales: su oferta, formación asociada, estructura, duración, acceso, titulación y validez. Posteriormente, esta normativa se completa con lo dispuesto en el Real Decreto 659/2023, de 18 de julio, que desarrolla la ordenación del sistema de Formación Profesional. Concretamente en los artículos 67 a 81 es donde se hace referencia a la oferta formativa de Grado C, correspondiente a los Certificados Profesionales.

Están agrupados en 26 familias profesionales con características comunes del sector. En la actualidad hay más de medio millar de Certificados Profesionales incluidos en el Repertorio Nacional. Esta cifra no deja de crecer. Además, cada certificado está específicamente regulado por un real decreto.

Un Certificado Profesional corresponde al Grado C de la oferta del Sistema de Formación Profesional. Es un documento oficial, con validez en todo el territorio nacional y debe constar en el Catálogo Nacional de Ofertas de Formación Profesional, que certifica la capacitación para el desarrollo de una actividad profesional.

Debe detallar los módulos profesionales superados y los estándares de competencia profesional asociados a él e incluidos en el **Catálogo Nacional de Estándares de Competencias Profesionales**, así como su correspondencia con el Marco Español de Cualificaciones.

Despliegan su validez en un doble ámbito, laboral y académico:

- En el contexto laboral tienen validez profesional, porque acreditan las competencias en una determinada profesión. Para poder trabajar en algunas profesiones, se exigen determinadas cualificaciones, y los certificados sirven para acreditarlas.

- Asimismo, tienen validez académica, puesto que permiten continuar un itinerario formativo siempre que se cumplan los requisitos de acceso para cursar la titulación deseada. De tal modo que, los Certificados Profesionales que sean parte de un Grado D permitirán la matrícula modular para completar los módulos establecidos en el currículo y obtener el correspondiente título de técnico básico, técnico o técnico superior con validez en todo el territorio nacional.

Para obtener un Certificado Profesional (Grado C) es preciso cumplir con los requisitos de acceso para realizar la formación.

Estructura de los Certificados Profesionales

I. Identificación: denominación, familia y área profesional a la que pertenecen; nivel de cualificación profesional (1, 2 o 3); cualificación profesional de referencia; entorno profesional y módulos formativos que esté previsto cursar junto con la duración de cada uno de ellos.

II. Perfil profesional: incluye las competencias profesionales requeridas en el mercado laboral. En todas ellas se concretan las realizaciones profesionales y los criterios de realización.

III. Formación: describe los módulos formativos que esté previsto cursar para adquirir las competencias requeridas. En cada uno de ellos se indican las capacidades que se pretende alcanzar y la duración del módulo de prácticas no laborales —PNL—, para el que cabe solicitar exención si se cumplen determinados requisitos.

IV. Prescripciones de las personas formadoras.

V. Requisitos mínimos de espacios, instalaciones y equipamiento.

Los Certificados Profesionales se identifican con una denominación concreta y un código alfanumérico propio, y sirven para acreditar una determinada cualificación profesional. Cada certificado está asociado a una relación de unidades de competencia que, a su vez, se vinculan con una serie de módulos formativos específicos. Algunos módulos están integrados por unidades formativas y tanto unos como otras son, en ocasiones, transversales, lo que significa que se trata de contenidos incluidos en más de un Certificado Profesional.

Los Certificados Profesionales se articulan en tres niveles de competencia profesional (1, 2 y 3) conforme a lo dispuesto en el que será el Catálogo Nacional de Estándares de Competencias Profesionales, anteriormente Catálogo Nacional de Cualificaciones Profesionales (CNCP), según los criterios establecidos de conocimientos, iniciativa, autonomía y complejidad de las tareas, en cada una de las ofertas de Formación Profesional.

La oferta formativa dirigida a la obtención de los Certificados Profesionales tiene carácter modular para favorecer la acreditación parcial acumulable de la formación recibida y posibilitar así el avance en el itinerario de Formación Profesional para cualquiera que sea la situación laboral de cada persona en cada momento.

En definitiva, el Grado C constituye la oferta, parcial y acumulable, del sistema de Formación Profesional, de varios módulos profesionales del catálogo modular de Formación Profesional por razón de su significado en el mercado laboral y conducente a la obtención de un Certificado Profesional.

Las ofertas de Grado C de Formación Profesional tendrán por objeto módulos profesionales incluidos previamente en el catálogo modular de formación profesional y asociados al Catálogo Nacional de Estándares de Competencias Profesionales.

Este libro

El presente libro desarrolla la Unidad Formativa denominada *Análisis de productos y servicios de inversión,* UF0338.

Dicha unidad formativa está asociada a la Unidad de Competencia UC0499_3 Gestionar la información y contratación de los recursos financieros, que forma parte del Módulo Formativo MF0499_3: *Productos, servicios y activos financieros,* que se incluye en la Cualificación Profesional de referencia ADG157_3 y que pertenece al Certificado de Profesional denominado ADGN0108 *Financiación de empresas* de la familia profesional de Administración y Gestión.

Según el Real Decreto 1210/2009, de 17 de julio, modificado por el RD 645/2011, de 9 de mayo, los contenidos que en esta obra se recogen se corresponden con una formación de 50 horas de duración.

Tanto la estructura como el desarrollo del libro se ajustan al citado Real Decreto y más concretamente a los contenidos de la Unidad Formativa 0338 que le da título *Análisis de Productos y Servicios de Inversión.*

Contenidos

- — Los *swaps* (Permutas Financieras).
- — Opciones.
- Fiscalidad de los Activos Financieros para las empresas:
    - — Renta fija y renta variable.
    - — Deuda Pública y Deuda Privada.
    - — Fondos de Inversión.
    - — Productos de Futuros.
- Análisis de Inversiones:
    - — VAN.
    - — TIR.
    - — *Pay Back.*

■ **Nota del Editor**

En Ediciones Paraninfo estamos comprometidos con la calidad de la formación e intentamos que nuestros materiales respondan fielmente y con rigor a las necesidades de todos cuantos confían en nuestro sello editorial.

Tratamos de dar respuesta a los currículos de las unidades formativas y de los módulos que integran los distintos Certificados Profesionales, equilibrando la parte teórica con la práctica para que los procesos de aprendizaje se conviertan en experiencias gratificantes, tanto para docentes como para las personas inmersas en los procesos formativos.

Nuestros objetivos son contribuir de forma decisiva a afianzar aprendizajes, ayudar a adquirir destrezas que tengan significado para el empleo y conseguir potenciar el desarrollo personal.

Para lograrlo contamos con excelentes autores, expertos en las materias que abordan, en la mayoría de los casos docentes de dichas especialidades con dilatada experiencia tanto profesional como académica, porque buscamos perfiles familiarizados con los contextos laborales concretos a los que se refieren nuestros manuales.

Confiamos en poder serte de ayuda y esperamos tus impresiones acerca de nuestro trabajo. Sean positivas o negativas, serán muy bien recibidas y, sin duda, nos ayudarán a seguir mejorando y trabajando con ilusión para continuar siendo un referente en formación para el empleo.

Agradecemos tu confianza en nuestros manuales. Todo nuestro equipo queda a tu total disposición. Puedes contactar con nosotros en esta dirección de correo electrónico:

info@paraninfo.es

1. Los activos financieros como formas de inversión

Contenido

Introducción

Muchas de las cuestiones que abordaremos le serán al menos familiares casi a cualquier lector, pues están de una manera u otra relacionadas con los acontecimientos económico-financieros que el mundo en general, y Occidente en particular, ha venido sufriendo en los últimos años. Fuera de este hecho, sin embargo, los instrumentos de inversión englobados en el marco del sistema financiero han sido una fuente importante del desarrollo económico del último siglo. Sin estos instrumentos muchas empresas no habrían podido acceder a los fondos necesarios para adquirir el activo requerido para su actividad empresarial. A lo largo de la obra definiremos una buena parte de los instrumentos de inversión haciendo especial hincapié en sus características fundamentales sin entrar en profundidad, pues la extensión de la obra lo impide. A lo largo del libro debe tenerse en cuenta que cualquier vehículo de inversión reúne una serie de características en términos de rentabilidad, riesgo y liquidez que cada inversor debe conocer para invertir correctamente en función de su perfil. Una regla de oro que debemos seguir es que **rentabilidad y riesgo se relacionan directamente;** esta regla es básica, y aunque se irá recordando sucesivamente a lo largo del libro, conviene empezar su lectura partiendo de la misma.

En este primer epígrafe comenzaremos por definir renta fija y variable, pues la mayoría de los productos de inversión se pueden encuadrar en alguna de estas dos tipologías. Definiremos los, por todos conocidos, depósitos a plazo (plazos fijos) por ser los más comunes, entrando posteriormente en otros tipos de renta fija. Posteriormente, haremos referencia a los de renta variable, cuyo principal exponente son las acciones. En este caso, su rentabilidad se puede obtener por dos vías como veremos más adelante: la plusvalía y los dividendos (cuando estos existen). Por otra parte, la competencia entre entidades financieras por ofrecer productos más atractivos y diferentes de la competencia ha hecho que surjan nuevos productos, que en ocasiones «nadan» entre diferentes categorías de instrumentos de inversión.

1.1. Renta fija y renta variable

1.1.1. Depósitos a plazo

Los depósitos (o imposiciones) a plazo o depósitos a plazo fijo, como comúnmente se les suele denominar, han sido durante muchos años el instrumento de inversión quizás más popular y básico de los existentes, si bien los bajísimos tipos de interés en el periodo 2010-2021 provocaron que dejaran de ser rentables incluso para los ahorradores de perfil más conservador. Representan un préstamo que una persona o entidad realiza a una entidad bancaria a cambio de un interés. En relación a una cuenta corriente devengan un interés mayor, debido sobre todo a que el dinero está inmovilizado durante un mayor periodo de tiempo, pero además debe tenerse en cuenta que, por lo general:

- No admite domiciliaciones de ningún tipo, incluidas las nóminas.

- Tienen una fecha de vencimiento. La retirada del todo o parte del capital invertido puede suponer la aplicación de una comisión de cancelación que, en cualquier caso, tendrá como límite los intereses devengados desde la constitución del depósito. Lo anterior implica que no se pierde el capital invertido inicialmente.

- Sobre este último hecho, conviene mencionar que en España el denominado Fondo de Garantía de Depósitos protege a los depositantes en caso de quiebra de la entidad financiera con un máximo de 100 000 € por titular y entidad. Este fondo se constituye muy resumidamente con las aportaciones de las entidades adheridas al mismo, así como mediante la captación de recursos financieros en los diferentes mercados de valores o deuda. Dado que el importe garantizado es por persona y existe la posibilidad de cotitularidad de un depósito, se recomienda cuando sea factible que aparezca más de un titular del mismo, pues de esta manera es en principio más fácil asegurarse el cobro del mismo en caso de quiebra.

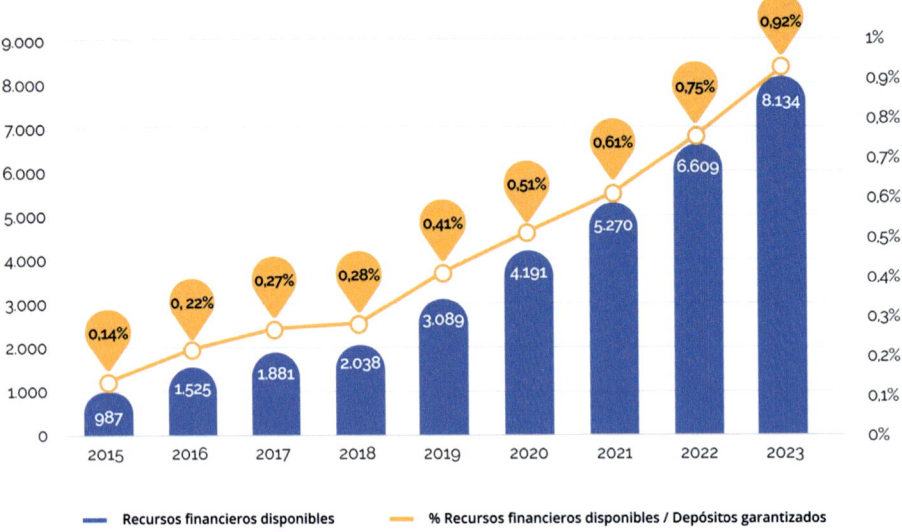

—— Recursos financieros disponibles   —— % Recursos financieros disponibles / Depósitos garantizados

Sin ningún ánimo de asustar al inversor, deberíamos cuestionar a las autoridades pertinentes si existe algún plan B para el caso en que quiebren más entidades financieras profundizando así en el «agujero» de este fondo, al observarse en el gráfico anterior que el porcentaje de recursos del FGD que cubren los depósitos es cuando menos paupérrimo.

La tasa anual equivalente (TAE) y el interés compuesto

También denominada tasa efectiva, y por tanto expresada en porcentaje, nos permite comparar las rentabilidades de diferentes productos de inversión. Básicamente, cuando se obtiene la TAE se homologan las rentabilidades al periodo de 12 meses (aunque la del producto en cuestión no tenga esa duración) y además se incluyen en su cálculo ciertas posibles comisiones (esto es más bien en los productos de financiación), que alteran la rentabilidad. La fórmula matemática, así como los conceptos que deben o no formar parte del cálculo de la misma, viene explicitada en la circular del Banco de España 5/12.

La TAE se aplica en los casos de interés compuesto, que en las operaciones financieras suelen ser la gran mayoría. Este interés implica que los intereses generados en un periodo se acumulan para el cálculo de los intereses del siguiente periodo. Por ejemplo, si invertimos 100 € a dos años al 2 % pagaderos anualmente, los intereses del primer año serían: I= 100*0,02 = 2 € mientras que en el segundo año serían I= 102*0,02 = 2,04 €. Esto es equivalente a decir que, al finalizar el segundo año, nuestros 100 € iniciales se habrán convertido en:

$$100 * (1+0,02)^2 = 104,04 €.$$

¿SABÍAS QUE hasta el mismísimo Albert Einstein definió el interés compuesto como «la fuerza más poderosa del universo»? Se dice que Einstein quedó maravillado por las consecuencias del efecto «bola de nieve» que este interés genera en el tiempo.

1.1.2. Títulos de renta fija

Se entiende que son de renta fija todos aquellos títulos representativos de deuda, esto es, representan un derecho respecto al que los emite de cobrar unos intereses en la forma, cuantía y plazo que se hubiera pactado. Estos títulos los pueden emitir los Estados (Deuda Pública) y empresas privadas (Deuda Privada), aunque estas generalmente de tamaño grande. A continuación, se muestra un esquema con las distintas características del mercado de renta fija español, según el tipo de emisor:

RENTA FIJA	Mercado de deuda pública	Mercado de renta fija privada
Emisores (mercado primario)	• El Estado • Comunidades autónomas	Grandes empresas privadas
Proceso de emisión	Subastas del tesoro público o del organismo público correspondiente	• Programas de pagarés • Emisión a medida
Negociación (mercado secundario)	• Mercado de deuda pública anotada • Mercado electrónico de la bolsa	• AIAF • Las bolsas de valores
Supervisión	El Banco de España	La CNMV
Productos más frecuentes	Letras del tesoro Bonos y obligaciones del Estado	• Pagarés de empresas • Bonos y obligaciones de empresas • Cédulas hipotecarias

RENTA FIJA	Mercado de deuda pública	Mercado de renta fija privada
Objetivo	Financiación del déficit público	Financiación de los proyectos de inversión de las empresas. Por ejemplo, la construcción de una nueva fábrica

La rentabilidad suele ser la misma a lo largo de toda la vida del título (aunque existen algunas a interés variable). Se denomina *valor nominal* al valor sobre el que se calculan los intereses. En muchos casos coincide con el valor que hemos de desembolsar para adquirir el título, por ejemplo, el valor nominal de un bono del tesoro español a 3 años es de 1000 €. El *valor de emisión* es el que se paga en el momento de adquirir el título y puede coincidir o no con el nominal. No coincidirá cuando exista *prima de emisión*. El *valor de cotización* es aquel por el cual cotiza el título cuando existe un mercado secundario del mismo teniendo en cuenta que estos mercados son aquellos donde se pueden comprarvender títulos de/a otros inversores.

RECUERDA

Podemos pensar en el mercado secundario de cualquier activo financiero como en un mercado de segunda mano.

Un título se dice que está *amortizado* cuando expira y se produce la devolución del principal al inversor. En nuestro ejemplo anterior, si adquirimos un bono a 3 años, el valor de emisión coincidirá con el nominal y serán 1000 €, pero no tiene por qué coincidir con el valor efectivo, así, si hubiera una comisión de compra de 20 €, este sería 1020 € que es lo que deberemos realmente desembolsar por él para adquirirlo. A lo largo de los tres años percibiremos unos intereses (llamados *cupones*), y al tercer año percibiremos además los 1000 € invertidos inicialmente, habiéndose entonces amortizado el título. Mencionar que algunos títulos se *emiten al descuento,* lo que significa que el inversor, en vez de pagar el nominal en su compra, pagará un importe inferior al nominal, siendo los intereses o rendimiento la diferencia entre lo pagado y el nominal. En España las letras del tesoro se emiten al descuento y su nominal es de 1000 €. Por ejemplo, compramos una letra del tesoro a 12 meses y nos piden por ella 990 €. Al vencimiento, percibiremos 1000 €, siendo por tanto el rendimiento 10 € (1 % de rentabilidad). Habrá que tener en cuenta que a la compra pagaremos más de 990 € y a la venta percibiremos menos de 1000 € debido a gastos y comisiones con lo que la rentabilidad real será aún menor.

1.1.3. Rentabilidad de los Títulos de renta fija

La rentabilidad de estos títulos será en principio su rentabilidad nominal en el caso de que mantengamos la inversión a vencimiento. Ahora bien, hemos visto como en caso de vender el título antes del vencimiento se pueden obtener pérdidas o beneficios adicionales derivados de la diferencia entre el precio de compra y venta del mismo. Este dependía de la evolución prevista de los tipos de interés y guardaba una relación inversa. Supongamos nuestro bono a 3 años de 1000 € de nominal con rentabilidad del 5 %. Si lo aguantamos hasta el vencimiento, desembolsaremos 1000 € a su compra el primer año y el segundo año percibiremos 1000 € * 5 % = 50 €; el tercer año, igualmente 50 € de intereses, y se nos devolverá el principal de 1000 €, es decir, 1050 €.

¿Qué sucederá si decidimos vender el bono al inicio del segundo año y el tipo de interés ha subido al 8 %? En este caso, nos pagarán por nuestro bono una cantidad igual al *valor actual de los flujos futuros,* es decir, el valor actual de los intereses y el principal que restan por percibir hasta el vencimiento. Recordemos que el *valor actual* es lo que valen hoy una serie de cobros (en este caso) futuros, utilizando (también en este caso) un tipo de interés que será el de mercado (8 %). Por tanto, como quedan por percibir al inicio del segundo año los intereses de ese mismo año, 50 € más los intereses y el principal del tercer año, 1000 € + 50 € = 1050 €.

$$\frac{50}{(1+0,08)} + \frac{1050}{(1+0,08)^2} = 946,50 \; €$$

Esto significa que nos pagarían por el bono 946,50 € es decir, 53,49 € por debajo del valor nominal. En conjunto, hemos obtenido una pérdida de unos 3,5 €, pues hemos ganado 50 € de intereses el primer año que compensan buena parte de la pérdida obtenida en la venta; todo ello asumiendo que no existen gastos de compraventa y sin tener en cuenta el efecto fiscal.

> **¿SABÍAS QUE** a esa rentabilidad extra por encima de la de la los valores de renta fija se la llama «prima de riesgo»?

1.1.4. Concepto de títulos de renta variable

El solo término *variable* nos señala que, al contrario de la renta fija, estos títulos no le prometen una rentabilidad periódica «segura» en forma de intereses, sino que su valor está sujeto a fluctuaciones periódicas debido a que suelen cotizar en los mercados de valores que detallaremos en el epígrafe siguiente. La ganancia o pérdida viene determinada por la diferencia entre el precio de compra y de venta, existiendo la posibilidad además de percibir dividendos, es decir, cuando la empresa decide repartir todos o parte de los beneficios generados.

El inversor que compra títulos de renta variable de una determinada empresa pasa a formar parte del capital social de la misma en la proporción que corresponda, es decir, se convierte en socio con todos sus derechos (asistencia a juntas, voto, etc.) y obligaciones. Cabe mencionar que, en caso de quiebra y/o disolución de la empresa, el accionista es el último en cobrar pudiendo incluso perder todo lo aportado. Lo anterior supone un riesgo mucho mayor que la renta fija, y esa es la razón por la cual a los títulos de renta variable se les exige una mayor rentabilidad respecto a los de renta fija.

1.1.5. Los mercados de títulos de renta variable

Los títulos de renta variable pueden cotizar o no en un mercado de valores. Podrán hacerlo siempre que cumplan una serie de requisitos que en España son regulados principalmente por la Comisión Nacional del Mercado de Valores (CNMV). Estos requisitos exigen desde un mínimo de capital social, accionistas y existencia de beneficios durante una serie de ejercicios anteriores. Además, las cuentas deberán estar siempre auditadas. En España, el mercado de títulos de renta variable principal es el llamado *mercado continuo.*

1.1.6. Acciones. Valor de las acciones. Dividendos. Derechos de suscripción

Las acciones son, con diferencia, los títulos de renta variable más comunes. Representan una porción del capital social de una empresa y otorgan la condición de socio. No todas las acciones son iguales, puesto que algunas otorgan una serie de derechos preferentes al inversor o accionista. Una posible clasificación divide las acciones en:

- Ordinarias.
- Sin voto.
- Liberadas: aquellas que se regalan al accionista en las ampliaciones de capital.
- Privilegiadas: dan lugar a mejoras respecto a las ordinarias, tales como mayor cobro de dividendos, etcétera.

Las posibles clasificaciones son muy amplias, si bien en cualquier caso el concepto de acción y sus consecuencias derivadas no varían significativamente. En la presente obra, cuando hablemos de acciones entenderemos las ordinarias, salvo especificación en contrario.

Al igual que sucede con la renta fija, las acciones tienen:

- **Valor nominal:** es el resultado de dividir el capital social con el que se constituye la empresa entre el número de acciones que emite la empresa. En principio, el valor nominal es susceptible de no cambiar a lo largo de la vida de la misma.
- **Valor de cotización:** como su nombre indica, es el precio al que cotiza la acción en el mercado y, por tanto, lo que tendríamos que pagar por la misma para su adquisición.
- **Valor teórico:** es aquel que se da como consecuencia de dividir el patrimonio neto de la empresa (¡ojo!, no solo el capital social) entre el número de acciones que existen. Como el patrimonio neto varía a lo largo de la vida de la empresa, también lo hará el valor teórico.
- **Valor efectivo:** es lo que realmente desembolsamos o percibimos cuando compramos o vendemos, respectivamente, una acción, tras sumar (en la compra) o restar (en la venta) los gastos y comisiones si los hubiera.

Importante: No confundas el valor teórico, nominal o efectivo con el de cotización, pues nunca suelen coincidir. Ten en cuenta que el mercado valora las acciones según sus expectativas sobre el futuro, las cuales están en prácticamente constante evaluación.

Como ya se mencionó anteriormente, los dividendos no son más que lo que un accionista percibe cuando la empresa reparte todo o parte de sus beneficios. Lógicamente, el dividendo es función directa del número de acciones que el inversor posea, expresándose normalmente como euros brutos/acción. El dividendo neto es el bruto minorado en la retención fiscal correspondiente, que estudiaremos en el epígrafe 1.5. Existen además *dividendos a cuenta,* que son aquellos que se reparten incluso antes de la aprobación de las cuentas anuales y *dividendos complementarios.*

Los denominados *derechos de suscripción* aparecen en los casos en los que la empresa decide ampliar su capital. Es obvio que, si esto sucede, los accionistas preexistentes a dicha ampliación verán mermada su cuota de participación en el capital social de la misma. Para evitar o minorar este efecto, existen dichos derechos que otorgan a los accionistas una preferencia para que adquieran las acciones de la nueva ampliación. Si no le interesara participar de dicha ampliación, no se vería en principio perjudicado, pues estos derechos cotizan durante un periodo como si fueran un valor más pudiendo, por tanto, venderlos a aquellos inversores interesados en la ampliación. Es obvio que cuantos más inversores estén interesados en la ampliación mayor será la cotización de estos derechos y viceversa.

1.1.7. Rentabilidad de los títulos de renta variable

La rentabilidad más directa de los títulos de este tipo está clara: es la diferencia entre el valor efectivo de venta menos el de compra, esto es:

Beneficio (plusvalía) = (Precio de venta − Gastos) − (Precio compra + Gastos)

Es obvio que en el caso de existir beneficios habrá que tributar por los mismos, lo que no hará sino reducir la rentabilidad obtenida.

Además, es posible que la empresa reparta dividendos. En este caso, para saber la verdadera rentabilidad por dividendos, habrá que tener en cuenta no solo el valor de estos, sino también el precio de los títulos, pues a igual dividendo siempre será más rentable aquel correspondiente a la empresa, cuyo coste de adquisición de las acciones haya sido menor. Por tanto, la rentabilidad por dividendo se calcula como el cociente entre el importe del dividendo entre la cotización de la acción:

$$\text{Rentabilidad por Dividendo} = \frac{\text{Dividendo}}{\text{Valor de Cotización}} \times 100$$

1.2. Deuda pública y deuda privada

Una vez establecidas las diferencias entre renta fija y variable, nos centramos ahora en la primera. Estudiamos primero su clasificación desde el punto de vista del emisor, público o privado haciendo especial hincapié en el primero por acaparar este el mayor volumen de activos financieros de renta fija. Finalmente, estudiaremos los *warrants,* si bien dada la sofisticación de estos ya poco se parecen a los productos de renta fija tradicionales. De igual manera, hemos introducido en el epígrafe algunos conceptos de carácter más general, pero íntimamente relacionados con la renta fija, como es el caso de la prima de riesgo, la calificación crediticia y sus implicaciones.

1.2.1. Valores o fondos públicos

Los fondos o valores públicos se representan mediante títulos de renta fija emitidos por el Estado, aunque también existe deuda autonómica e incluso emitida por entes locales. El objetivo es financiar el gasto público tanto corriente como de inversión cuando existe déficit.

1.2.2. Características de los valores de Deuda Pública

Se pueden sintetizar en las siguientes:

• Son emisiones seguras, pues al ser emitidas por los Estados, estos tienen una solvencia mayor. Esta solvencia puede decirse que también cotiza en los mercados financieros a través de los denominados CDS (*Credit Default Swaps*), que no son más que un seguro de impago que se activaría en caso de insolvencia del Estado o la existencia de un elevado riesgo de la misma. La cotización de estos CDS se refleja en la popularmente conocida como *prima de riesgo*. Esta prima refleja un diferencial de interés entre un activo financiero equivalente que elegiremos de referencia y otro. Lo mejor es poner un ejemplo. Si como referencia elegimos el bono alemán a 10 años y este rinde un interés del 1,00 % y el bono equivalente español rinde, por ejemplo, un 1,5 %, la prima de riesgo sería la diferencia entre ambos, es decir, un 0,5 %. Frecuentemente, este diferencial o prima se expresa en *puntos básicos,* teniendo en cuenta que:

1 punto porcentual = 100 puntos básicos

Por ello, en nuestro ejemplo la prima de riesgo del bono español respecto al alemán es de 500 puntos básicos.

A continuación, se muestra un gráfico con la evolución de la prima de riesgo española desde 2006 hasta finales de 2022:

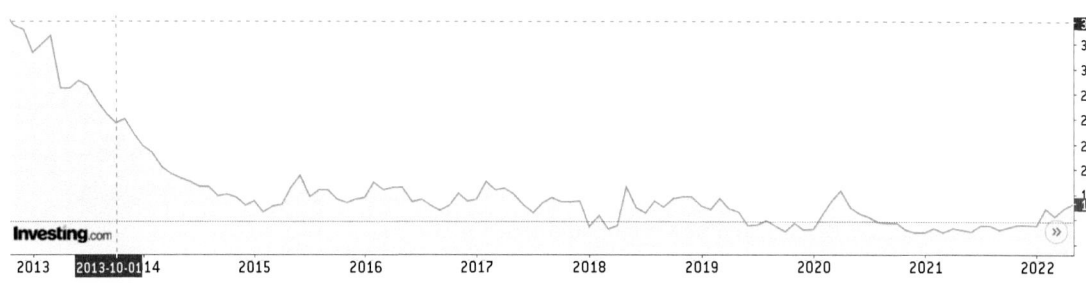

Fuente: www.investing.com

Cuan solvente es un Estado viene determinado por la *calificación crediticia* que es realizada por las polémicas *agencias de calificación crediticia,* o *agencias de* rating, tales como Moody's, Standard&Poor's y Fitch. Se muestra a modo de resumen la siguiente tabla que corresponde a las calificaciones de Moody's como inversión a largo plazo:

Calificación Crediticia (Moody´s)	
Escala de inversión	Escala especulativa
Largo plazo	Largo plazo
Aaa	Ba1
Aa1	Ba2
Aa2	Ba3
Aa3	B1
A1	B2
A2	Caa1
A3	Caa2
Baa1	Caa3
Baa2	CC
Baa	CC

La calificación se realiza con base en si la inversión tiene carácter especulativo o no, siendo en cualquier caso A la mayor solvencia y representando C el «bono basura».

Si una agencia degrada la calificación crediticia de un Estado, su prima de riesgo aumenta y, por tanto, se encarece su financiación pudiendo incluso ocurrir que no haya inversores dispuestos a prestarle, debido al elevado riesgo de impago, entrando el país en suspensión de pagos (*default*). Por ello, recuerda la regla de oro de la inversión:

> **La rentabilidad de un activo financiero siempre guarda una relación directa con el riesgo del mismo.**

- La Deuda Pública se representa mediante *anotaciones en cuenta*. Esto quiere decir que cuando un inversor adquiere títulos, estos no se representan en papel, sino como una anotación electrónica en la entidad gestora que corresponda.

1.2.3. Clasificación de la Deuda Pública

En España podemos distinguir entre deuda pública a corto plazo y a largo plazo. La de corto plazo está formada por las *letras del tesoro* a plazos, que oscilan entre los 3 y los 12 meses. A largo plazo se dispone de los *bonos y obligaciones del Estado,* siendo los bonos para plazos de entre 3 y 5 años, y las obligaciones a plazos entre los 10 y los 50 años (muy largo plazo). Recientemente, el tesoro español ha comenzado a emitir deuda a 50 años además de deuda en divisas, si bien al menos de momento de manera bastante residual.

Es importante mencionar que para todos los activos financieros anteriores existe un mercado secundario que permite la compraventa de títulos. El mercado llamado primario o de emisión es aquel donde se adquieren *por primera vez* los títulos. En España la adjudicación de los títulos en el mercado primario se realiza mediante subastas. Como regla general, cuanto mayor sea la demanda de títulos por parte de los inversores menor será la rentabilidad de los mismos, lo cual es bueno para el Estado emisor (pues la financiación se abarata) y peor para el inversor (menor rendimiento). El funcionamiento de las subastas del tesoro viene a ser el siguiente: existen dos tipos de subastas: las competitivas y las no competitivas. En las primeras, no hay límites de puja, mientras que en las segundas existen límites. Además, en las primeras se puja por adquirirlas a un precio, mientras que en las segundas se acepta simplemente el precio que resulte de la subasta. La garantía de la segunda opción es que el inversor sabe que al menos conseguirá títulos, mientras que en la primera cabe la posibilidad de que no se los adjudiquen al precio ofrecido. En las competitivas, las ofertas se ordenan de mayor a menor precio ofrecido (¡ojo!: recordad que al inversor le interesa un precio bajo para obtener una rentabilidad alta) y, una vez se determina cuál es el volumen de títulos que se va a emitir, se fija un precio mínimo llamado *precio marginal* (volvemos a recordar: rentabilidad máxima), el cual servirá de referencia para rechazar todas las ofertas inferiores a dicho precio y aceptar las que se sitúen por encima del mismo. Finalmente, de aquellas peticiones aceptadas se calcula una media aritmética o *precio medio ponderado,* de tal forma que aquellas peticiones con un precio superior a este se adjudican a este último y las que tuvieran un precio inferior (pero obviamente superior al marginal) se adjudican al ofrecido.

Pueden adquirir deuda pública española (letras, obligaciones y bonos) los particulares y empresas, lo que puede realizarse bien directamente en las oficinas del Banco de España, a través de intermediarios (bancos, cajas de ahorro, agencias de valores...) o directamente a través de Internet, para lo cual es necesario estar en posesión de DNI electrónico o certificado digital.

1.2.4. Letras del tesoro

Como ya se dijo, las letras del tesoro representan deuda pública a corto plazo. Se emiten al descuento con un valor nominal de 1000 € por título. Dado que se emiten al descuento, su valor de adquisición será inferior al nominal. Para calcular el precio de adquisición, aplicaremos la siguiente fórmula:

$$E = N \left(1 - \text{tipo descuento} * \frac{\text{Vencimiento}}{360} \right)$$

El tipo de descuento es el tipo de interés que rinde la letra en su emisión. Al estar el denominador expresado en días (360, año comercial), el vencimiento deberá expresarse en días y no en años. De la fórmula, se deduce que cuanto mayor sea el interés de la letra menor será el efectivo a desembolsar en su compra (más descuento...) y, por tanto, mayor rentabilidad al vencimiento.

Para el cálculo de dicha rentabilidad, emplearemos la siguiente fórmula:

$$\text{Rentabilidad} = \frac{\text{tipo descuento}}{1 - \text{tipo descuento} * \frac{(\text{Vencimiento}}{360)}}$$

¿SABÍAS QUE la subida de los tipos de interés por el Banco Central Europeo ha provocado en España un aumento de la rentabilidad y, por tanto, de la demanda de letras del tesoro por los ahorradores al ser un valor bastante seguro y a corto plazo?

1.2.5. Obligaciones y bonos públicos

En España representan la deuda pública a largo plazo (bonos) y a muy largo plazo (obligaciones), si bien algunos autores prefieren referirse a los bonos como deuda a medio plazo, y a las obligaciones, como deuda a largo plazo.

Los bonos son instrumentos de deuda que se emiten por su valor nominal y prometen el pago con periodicidad anual de unos intereses y el reembolso del capital inicial invertido a su vencimiento. Al pago de intereses se le denomina, como ya se mencionó anteriormente, cupón. Por tanto:

- Valor nominal: 1000 € por bono.

- Pago anual de intereses.

- Emisión por su valor nominal.

- Existe un mercado secundario para su compra-venta.

El tesoro público publica periódicamente los resultados de las subastas para cada tipo de activo financiero. Todas ellas junto con mucha más información pueden ser consultadas en la web del tesoro, cuya visita se aconseja encarecidamente al lector. He aquí el cuadro resumen de los pertenecientes a la subasta acaecida el 9 de mayo de 2024:

Fecha de la subasta: 09/05/2024

Fecha de vencimiento: 30/04/2032

OBLIGACIONES DEL ESTADO	
Fecha de liquidación	14/05/2024
Nominal solicitado	3174,60
Nominal adjudicado	1457,60
Nominal adjudicado (2.ª vuelta)	24,81
Precio mínimo aceptado	83,286
Tipo de interés marginal	3,106
Precio medio excupón	83,286
Precio medio de compra	83,316
Tipo de interés medio	3,106
Adjudicado al marginal	282,00
1.er precio no admitido	83,240
Volumen peticiones a ese precio	320,00
Peticiones no competitivas	1,47
Efectivo solicitado	2619,98
Efectivo adjudicado	1214,24
Efectivo adjudicado (2.ª vuelta)	20,66
Porcentaje de prorrateo	
Ratio de cobertura	2,16
Anterior tipo marginal	2,987

Vamos a analizar la interpretación de los datos de esta que personalmente considero más relevantes. En primer lugar, en la cabecera de la tabla nos aparece además de la fecha de la subasta la fecha de vencimiento de la emisión, siendo por tanto bonos a 10 años. El nominal solicitado junto con el nominal adjudicado, nos indica la relación entre la demanda y la oferta de bonos. Vemos cómo la demanda más que triplica la oferta. Esta relación viene representada por la ratio de cobertura de 2,16, que nos muestra cuántas veces la demanda supera a la oferta; si esta ratio es alta es bueno para el Estado, pues podrá colocar los bonos a un tipo de interés (su coste de financiación...) más bajo. Este interés se puede referir por el tipo de interés medio y/o tipo marginal, lo que apunta que la rentabilidad, o intereses, que pagará periódicamente (anual) al inversor será en números redondos del 3,1 %. Además, el precio medio de compra es del 83,31, que es lo mismo que decir que se compran por el 83,31 % de su valor nominal. Merece la pena detenerse en esto. En deuda pública, un precio de 100 indica que se han adquirido por su valor nominal. Valores por encima de 100 indican que el bono se cotiza por encima de su nominal (más de 1000 €), mientras que lo contrario indica que cotiza por debajo del mismo (menos de 1000 €). Lo anterior es especialmente útil en el caso de observar e interpretar la cotización de los bonos en el mercado secundario que, recordemos de epígrafes anteriores, se relaciona inversamente con el tipo de interés de estos.

En cuanto a las obligaciones, cabe aplicar las mismas reglas y conceptos que a los bonos teniendo en cuenta sus mayores plazos de vencimiento, en concreto a 10, 15 y 30 años.

¿Qué es y cómo se interpreta la curva de tipo de interés?

Es razonable pensar que la rentabilidad de invertir en un activo financiero debería guardar una relación directa con el plazo de la inversión, es decir, cuanto más lejano sea el vencimiento mayor rentabilidad, y viceversa. Esto se deduce del hecho de que cuanto más tiempo reste hasta el vencimiento las probabilidades de que el emisor del activo o título tenga problemas de solvencia aumentan (prometer algo a 15 años conlleva mayor incertidumbre que a 6 meses, al menos en principio...). Sin embargo, esto no es necesariamente siempre así. La llamada curva de tipos de interés muestra el nivel de interés para cada plazo u horizonte temporal. Según el razonamiento anterior, esta curva debería ser siempre creciente, o lo que es lo mismo, tener pendiente positiva, y esto ciertamente será así cuando se tengan expectativas alcistas sobre el tipo de interés. La curva será decreciente cuando dichas expectativas sean bajistas, pues los prestatarios no querrán endeudarse ahora a tipos más altos cuando creen que en el futuro serán más bajos. Una curva totalmente horizontal o plana implica un mercado sin clara definición o sin tendencia, donde los tipos de interés futuros no se espera que varíen perceptiblemente respecto a los presentes.

1.2.6. Obligaciones y bonos privados

En el epígrafe 1.1 se mostraba un cuadro con los principales grupos de activos financieros tanto de deuda pública como de deuda privada que es en la que se profundizará en el presente epígrafe.

El mercado de deuda privada en España se puede clasificar en:

- Pagarés de empresa.
- Bonos y obligaciones de empresa.
- Cédulas.
- Participaciones.

Con independencia del tipo de activo financiero privado que se estudie, la solvencia de estos es en principio siempre menor que la correspondiente a la deuda pública y, por tanto, su rentabilidad ha de ser mayor.

Este tipo de activos financieros tiene sus propios mercados donde se negocian estos títulos. El más importante es el de la AIAF (Asociación Española de Intermediarios de Activos Financieros), aunque también existe el Mercado Electrónico de Renta Fija de la Bolsa de Madrid, en cuya web www.bmerf.es se puede acceder a la AIAF y a toda la información sobre cotizaciones en renta fija, así como a diversa información.

La importancia de los intermediarios en el sistema financiero

Un sistema financiero básicamente tiene como misión canalizar el excedente de fondos de unos (ahorradores) hacia aquellos agentes que los necesitan. Como ahorradores, todos queremos que nuestras inversiones sean *seguras* (bajo o nulo riesgo de pérdida), *líquidas* (poder salirnos de dicha inversión cuando deseemos) y *rentables*. Los prestatarios, sin embargo, tratan de obtener esos fondos con el menor interés posible y devolverlos lo más a largo plazo que se permita. Los intermediarios financieros median entre ambas partes para equilibrar los intereses en la medida de lo posible convirtiendo los fondos en activos financieros que sean lo más atractivos posible para ambas partes del mercado en términos de rentabilidad (o coste), seguridad, liquidez y plazos; todo ello obteniendo, como es lógico, estos intermediarios su propia rentabilidad en el proceso.

Los *pagarés de empresa* son, en cuanto a funcionamiento, muy parecidos a las letras del tesoro, pues se emiten al descuento y no pagan intereses a lo largo de su vida (cupón cero), siendo la rentabilidad obtenida la diferencia entre lo desembolsado en su compra y su valor nominal. Son un instrumento de corto plazo con vencimientos que difícilmente serán superiores a los 18 meses.

Los *bonos y obligaciones de empresa* son títulos con un carácter de medio y largo plazo y que prometen el pago periódico de unos intereses. A continuación, se muestra a modo de ejemplo el anuncio de emisión de bonos de la compañía Repsol:

Bono [1]	Código ISIN	Fecha de emisión	Vencimiento	Nominal vivo
REP 0,125%	XS2241090088	05/10/2020	05/10/2024	Eur 850.000.000
REP 2,000%	XS2156581394	15/04/2020	15/12/2025	Eur 750.000.000
REP 2,25%	XS1148073205	10/12/2014	10/12/2026	Eur 500.000.000
REP 0,25%	XS2035620710	02/08/2019	02/08/2027	Eur 750.000.000
REP 2,625%	XS2156583259	15/04/2020	15/04/2030	Eur 750.000.000

Puede emitirse *a la par,* es decir, por su valor nominal, aunque también por debajo del mismo. Esto último es un aliciente para el inversor, pues supone una rentabilidad extra al vencimiento del título.

EJEMPLO DE EMISIÓN POR DEBAJO DE LA PAR

Supongamos que el valor nominal de los bonos que emite una cierta empresa es de 500 € y prometen el pago de un interés del 6 % nominal anual durante 3 años. Con el fin de animar a los inversores a la suscripción de las mismas, decide por un periodo de tiempo emitirlas con una *prima de emisión* de 50 € (50 € por debajo de la par o nominal...). En este caso, la rentabilidad es mayor que si se emitieran a la par, ya que al vencimiento al inversor le será reembolsado el nominal (500 €, 50 € más por encima de lo que desembolsó para su adquisición), y el cupón se calcula también sobre este último valor.

Algunos de estos últimos títulos se emiten con ciertos privilegios, en cuyo caso se dice que tienen un carácter *subordinado.* Estos incluyen lo mencionado anteriormente en cuanto a la emisión o reembolso con prima, la prioridad a la hora de adquirir acciones o cualquier otra emisión de la compañía de manera preferente, etcétera.

En las empresas que cotizan en algún mercado de valores no es infrecuente la emisión de bonos y obligaciones vinculadas a la evolución de algún índice por ejemplo bursátil, de tal forma que el importe de los cupones es variable.

Los *bonos convertibles* son bonos que disfrutan de la posibilidad de ser canjeados por acciones de la empresa en una ampliación de capital. Dado que al inversor se le ofrece la posibilidad de que su rentabilidad aumente debido al posible incremento de las cotizaciones de las acciones, la rentabilidad por cupón de estas emisiones suele ser menor.

Las *cédulas hipotecarias* son emitidas únicamente por entidades financieras para obtener financiación a corto plazo y cuentan como garantía con la cartera de préstamos hipotecarios de la entidad emisora. El por qué de este tipo de emisiones radica básicamente en el llamado en el argot «desfase de plazos». Las entidades financieras prestan a largo plazo (hipotecas), pero como toda empresa tienen que hacer frente a obligaciones a corto plazo. Las cédulas hipotecarias solventan este problema, al menos en parte, permitiendo a la entidad financiera obtener liquidez para cumplir con dichas obligaciones.

Las *participaciones* son un instrumento de inversión que resultó muy polémico en los años 2009-2010. Aunque se nos vendió como un producto novedoso, en realidad son un vehículo de inversión como otro cualquiera donde no tenemos más que evaluar la relación rentabilidad-riesgo y tomar una decisión prudente y meditada en función de nuestro capital disponible y perspectivas futuras. Las participaciones preferentes son confusas en cuanto a que son un vehículo de inversión a medio camino entre la renta fija y la variable. Tienen parte de variable, pues contabilizan como capital social (acciones) de la empresa que las emite; sin embargo, su remuneración es un interés específico que se conoce de antemano. Este último hecho tiene un importantísimo matiz, y es que dicho interés solo se percibe en el caso de que se obtengan beneficios y además se decida distribuirlos a los preferentistas. Otra característica es su carácter perpetuo, es decir, sin vencimiento. Un inversor en preferentes puede vender sus participaciones para obtener liquidez en caso de necesidad siempre que exista un mercado secundario de estos títulos; sin embargo, en el caso concreto de lo sucedido en España, este era muy poco líquido, lo que unido a la mala situación de las cajas de ahorro (las principales emisoras de estos títulos), hacía francamente complicada su venta, no digamos ya la misma sin obtener pérdidas.

1.2.7. *Warrants*

Los *warrants* forman parte de los denominados productos derivados. Son ciertamente muy parecidos a las opciones financieras que se explican en epígrafes más avanzados de esta obra. Básicamente son títulos que otorgan a su tenedor la posibilidad (la opción...) de comprar o vender un determinado activo (acciones, bonos, etc.), denominado activo subyacente, a un precio determinado. Supongamos que tenemos la expectativa de que las acciones de una determinada empresa se revalorizarán dentro de un mes. Podríamos adquirir un *warrant* sobre la cotización (que sería el activo subyacente) con un coste (prima) digamos de 1 € por *warrant*, por ejemplo, uno que dentro de un mes nos diera la posibilidad de comprar las acciones, por ejemplo, a 12 €/acción. Pasado el mes comprobamos la cotización; si nuestras expectativas fueran acertadas y la cotización fuere digamos 15 €/acción, nos interesa ejercitar el *warrant*, al hacerlo, compraríamos un número de acciones determinado (las que especificara el contrato del *warrant*) a 12 €/acción para inmediatamente ser vendidas en el mercado a 15 €/acción obteniendo, por tanto, un beneficio bruto de 3 €/acción, a los que habría que restar el coste de los *warrants* junto con los gastos y comisiones. Si por el contrario la cotización hubiera sido menor, no ejercitaríamos nuestro derecho de compra limitando las pérdidas a la prima pagada (más gastos...). Los *warrants* que como en el ejemplo nos dan derecho a comprar se denominan *warrants CALL*, mientras que los que dan derecho a vender son *warrants PUT*. En efecto, si nuestras expectativas hubieran sido bajistas, podríamos haber adquirido un *warrant PUT* que, por ejemplo, nos diera la posibilidad de vender la acción a 14 €. Al llegar el vencimiento, si la cotización es de digamos 10 €, ejercemos nuestro derecho y ganaríamos 4 €/acción minorados en primas y gastos al igual que el caso anterior, pues las hemos vendido a 14 € que es un valor por encima del mercado. Esto último es una buena muestra de que se pueden obtener beneficios en un mercado bajista.

Información del producto

ISIN	DE000SU6WQW4	Tipo	Call
Código	K7608	Precio de Ejercicio	220,000 USD
Nombre del Producto	Warrant (Call)	Fecha Emisión	16/01/2024
Liquidación	Cash	Fecha vencimiento ①	20/09/2024
Estilo de Ejercicio	European	Ultimo día de negociación	19/09/2024
Activo subyacente ①	Apple Inc	Negociación en Renta 4 Directo Plus	.
Paridad (warrant : unidad del subyacente)	20:1	Bolsa de negociacion	Bolsa de Madrid
		Negociación	Miembros BME
		Bolsa	BME

Vemos en la figura anterior a modo de ejemplo el siguiente cuadro donde se recoge la cotización de los *warrants CALL* correspondientes a la compañía Apple a fecha 19 de septiembre de 2014.

Algunos parámetros mostrados merecen la pena ser interpretados. En el apartado cotización vemos los precios de compraventa del *warrant,* es decir, de la prima, de tal manera que un inversor que desee adquirir un *warrant* pagará 1,99 €, mientras que si lo quiere vender, pagará 1,98 €. Dado que estos precios dependen de la oferta y la demanda del *warrant*, si las expectativas son alcistas, su *warrant CALL* se hará más atractivo, elevando su demanda y, por tanto, su precio, y viceversa si los expectativas son bajistas. Además, influyen otros factores como los tipos de interés, los posibles dividendos que pueda repartir la empresa en el caso de que el activo sean acciones, etc. Es importante mencionar que en muchísimos casos no es necesario esperar a vencimiento y se puede ganar o perder dinero especulando únicamente con el precio de la prima. En la tabla de la derecha, *strike* representa el precio de la acción por el que estamos «apostando». Al ser un *warrant CALL* su compra me otorgaría la posibilidad de comprar las acciones a vencimiento a 64,29$. La paridad indica el numero de *warrants* necesarios para tener derecho a una unidad de activo subyacente (acciones de Apple); en concreto, nos otorgan 7 acciones de Apple por cada 100 *warrants* adquiridos. Un *warrant* americano es aquel donde no es necesario esperar al vencimiento para ejercer el derecho, en contraposición al europeo, donde sí es obligatorio. El «spot» que figura en la tabla de la derecha representa el precio de la acción en ese momento; se observa que la acción está cotizando bastante por encima del precio de ejercicio de la opción o *strike.* Las letras griegas delta, vega, theta, etc., miden sensibilidades, por ejemplo, la delta mide la variación en el precio del *warrant* ante variaciones en el activo subyacente; luego si delta es baja, un cambio en el precio de las acciones de Apple daría lugar a un cambio pequeño en el precio del *warrant*.

Los *warrants* se suelen liquidar por diferencias. En el caso de un *CALL* se paga en efectivo la diferencia existente entre el precio del activo subyacente y el *strike,* siendo justo lo inverso para el caso de los *PUT.* Es lógico pues es mucho más cómodo esto que, en el caso de un *CALL,* por ejemplo, comprar las acciones y luego venderlas.

De todo lo expuesto hasta ahora sobre *warrants,* se puede extraer una conclusión clara: son productos de elevado *apalancamiento,* lo que significa que el potencial beneficio o pérdida es proporcionalmente elevado en relación con la inversión necesaria. Efectivamente, si decidimos comprar 100 *warrants* de Apple el 19 de septiembre de 2014 nos costarían unos 200 €. Si a vencimiento la acción ha experimentado un sustancial incremento en su cotización, el beneficio podría llegar a superar varias veces esa cantidad y, si por alguna razón, la acción perdiera cierto valor y no cerrásemos nuestra posición (perdiendo solo la prima) las pérdidas también serían varias veces la inversión inicial. Por todo ello, se requiere extrema precaución al operar con este tipo de productos que precisan un seguimiento continuo; es por ello por lo que no se recomienda a principiantes, y en cualquier caso, la inversión debe representar un porcentaje reducido de nuestra cartera.

Ponerse corto, largo, sentimiento de mercado abrir y cerrar posiciones... la jerga financiera

En el mundo de la inversión, la jerga es casi interminable y a menudo ininteligible, pero esto no debe asustarnos. Lo importante es entender el concepto que hay detrás. Veamos solo unos pocos de ellos. Así, «ponerse corto» implica pensar que el mercado bajará, mientras que «ponerse largo» subirá, de tal forma que, retomando la teoría de los *warrants*, cuando compremos un *CALL* estaremos abriendo una posición larga, y viceversa ante la compra de un *PUT*. El sentimiento de mercado no es sino una forma de describir la tendencia o pulso que los agentes creen que el mercado tendrá, bien sea alcista o bajista. La volatilidad, si bien no se puede considerar jerga, es un concepto de enorme importancia y nos da una idea de la variabilidad de la cotización de un activo financiero respecto a su cotización media, lo que en términos estadísticos viene a ser equiparable a la varianza. Cuanto mayor sea esta variabilidad menos estable y, por tanto, más arriesgada será la inversión y viceversa. Un mercado se dice volátil cuando sufre fuertes y repetidas oscilaciones bien al alza o a la baja con frecuencia.

Finalmente, es importante mencionar los *turbowarrants* o turbos. Se diferencian respecto a los *warrants* ordinarios en que disponen de una barrera o umbral de desactivación. De esta forma, si a lo largo de la vida del *warrant* el activo subyacente alcanza ese umbral, el *warrant* se desactiva automáticamente y pierde su valor. En resumen, le confiere aún un mayor apalancamiento respecto a un *warrant* ordinario.

No obstante, en los últimos años han aparecido multitud de productos financieros de inversión basados en *warrants* de alta sofisticación y complejidad, tales como *Inline Warrants, Bonus Cap Warrants, StayHigh* o *StayLow,* etcétera.

1.3. Fondos de inversión

Este vehículo de inversión bien merece un apartado especial dado que es tremendamente popular desde hace más de veinte años en nuestro país. Explicamos su concepto, así como los diferentes entes que un fondo involucra (sociedad gestora, depositario, etc.), los tipos de fondos existentes según la clase y riesgo de los activos financieros en los que invierta, comisiones que soporta y el concepto de valor liquidativo de la participación sobre el cual se realizan todos los cálculos que hay que realizar sobre los fondos de inversión. Finalmente, explicamos cómo se relacionan las polémicas SICAV con los fondos de inversión.

1.3.1. Características

El rasgo fundamental de un fondo de inversión es que supone un cambio al pasar de una inversión plenamente individual al concepto de inversión colectiva. Un número de inversores reúne su dinero, bienes, activos... con el fin de que un gestor profesional lo administre realizando inversiones que supongan una rentabilidad.

Cabe señalar que en las dos últimas décadas la internacionalización financiera ha hecho proliferar multitud de fondos de inversión cada uno con sus peculiaridades en cuanto a perfil de riesgo del inversor, mercados y sectores específicos en los que opera, de inversión únicamente en activos inmobiliarios, etc. Una clasificación de los mismos podría ser:

- Monetarios: son los más conservadores (muy bajo riesgo). Por ello, invierten principalmente en activos monetarios; sobre todo, deuda pública a corto plazo. Estos últimos son los conocidos bajo las siglas de FIAMM (fondos de inversión en activos del mercado monetario), en oposición, los FIM (fondos de inversión mobiliario) pueden invertir en acciones, derivados, etcétera.

- Mixtos: compuestos de una cartera de renta fija y renta variable en diferentes proporciones para diferentes perfiles de riesgo del inversor.

- Renta fija: invierten únicamente en activos de renta fija tanto pública como privada.

- Renta variable: invierten en acciones. Dentro de los mismos, pueden invertir en un país o sector específico o en una combinación de ambos.

- Garantizados: aseguran toda o una parte de la inversión inicial. Suelen tener un periodo de suscripción fuera del cual solo se puede entrar en el fondo pagando una comisión de suscripción.

- Indexados: replican un índice determinado (IBEX 35, SP500, etcétera).

¿**SABÍAS QUE** desde el año 2015 irrumpieron con fuerza los fondos indexados también conocidos como «de gestión pasiva»? Su argumento es que en el largo plazo se ha demostrado que es extremadamente difícil que un fondo supere su índice de referencia por muy bien que lo haga su gestora, así como también por sus bajas comisiones.

En España los fondos de inversión forman parte de las denominadas Instituciones de Inversión Colectiva (IIC). De hecho, los fondos de inversión son sociedades con personalidad jurídica propia. Los principales elementos de un fondo de inversión son:

- Partícipes: son los inversores que aportan su patrimonio al fondo para que sea gestionado.

- Depositario: es la entidad a la que se le encarga la custodia del patrimonio del fondo. Pueden ejercer como tales los bancos, cajas de ahorro, cooperativas de crédito (como las cajas rurales) así como sociedades y agencias de valores.

- Sociedad rectora: es la sociedad encargada de la gestión, pues recordemos que estas tienen personalidad jurídica propia. En España están supervisadas por la CNMV.

Es importante saber que un fondo de inversión ha de cumplir con una serie de garantías en cuanto a:

- Transparencia: la gestora debe especificar en todo momento cuál es el perfil de riesgo del fondo (renta variable, fija, mixta, derivados...) en el preceptivo folleto.

- Liquidez: con independencia del perfil del fondo debe ser de al menos un 3 % del patrimonio del mismo. Se entiende por liquidez no solo efectivo o depósitos a la vista, sino también los llamados «repos» de deuda pública (operaciones con pacto de recompra).

- Diversificación: según el tipo de fondo, cada tipo de activo financiero en los que invierte tiene unos límites con el objetivo de evitar una excesiva concentración de riesgos.

1.3.2. Finalidad de los fondos de inversión

La finalidad de los fondos de inversión es sobre todo aprovecharse de las ventajas que su volumen aporta, tales como:

- Diversificación: un gestor profesional raramente pondrá los fondos de los inversores en un mismo tipo de activo, lo que permite no solo reducir los riesgos, sino también optimizar la rentabilidad.

- Acceso a mercados más complejos: el volumen de recursos gestionados por el fondo permite poder acceder a mercados que de otra forma serían complicados para un pequeño inversor individual.

- Economías de escala: de nuevo, el volumen de recursos permite al fondo obtener comisiones de intermediación, tipos de interés preferentes, etc., más favorables que a un solo inversor.

1.3.3. Valor de liquidación

Cuando se invierte en un fondo de inversión lo que el inversor adquiere es en realidad *participaciones.* Estas no son más que partes alícuotas del patrimonio del fondo. El valor de liquidación es el resultante del cociente entre el valor en unidades monetarias del patrimonio del fondo y el número de participantes del mismo. El partícipe de un fondo adquiere, pues, participaciones al valor liquidativo que corresponda en ese momento. Este valor depende de la evolución del fondo; si este es rentable debido al éxito de sus estrategias de inversión, el patrimonio crecerá, y viceversa. El valor liquidativo debe calcularse como mínimo cada 3 meses.

En la siguiente tabla se muestra a modo de ejemplo la cotización del fondo de inversión Europe Sustainable Equity Fund del banco JP Morgan:

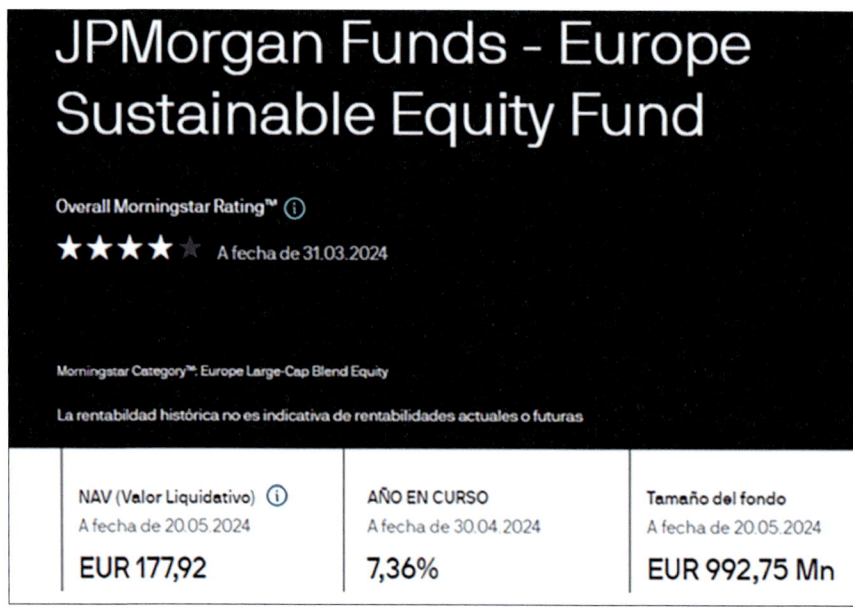

Un inversor, por tanto, compra participaciones del fondo a un valor con el objetivo de venderlas más caras en el futuro. La diferencia es el beneficio. Sin embargo, puede parecer que la inversión en fondos está exenta de gastos, y esto en absoluto es así. Lo que sucede es que las mismas se encuentran ya deducidas en el valor liquidativo de la participación. Esto debe ser tenido en cuenta a la hora de evaluar la rentabilidad del mismo, pues muchas veces son realmente elevadas. Un fondo soporta los siguientes tipos de comisiones y sus límites máximos se fijan por ley pudiendo ser consultados en la web de la CNMV:

- Comisión de gestión: es la percibida por la sociedad gestora por los servicios de gestión del fondo. Se calcula tomando como base el patrimonio neto del fondo, o bien según el beneficio del mismo. Los límites máximos son de un 1 % si se cobra sobre el patrimonio y un 10 % si es sobre resultados para el caso de los FIAMM, siendo para el caso de los FIM un máximo de un 2,25 % sobre patrimonio o bien un 9 % sobre el beneficio.

- Comisión del depositario: es el que cobra la entidad depositaria (entidad financiera) no pudiendo ser superiores a un 0,15 % del patrimonio del fondo.

- Comisión de suscripción: esta comisión se suele cobrar solo cuando se realizan aportaciones fuera del periodo de suscripción en el caso de los fondos garantizados. Esta comisión reduce, por tanto, el importe efectivo de la inversión del partícipe.

- Comisión de reembolso: se devenga cuando decidimos vender total o parcialmente las participaciones del fondo. El importe de esta comisión es variable en función del tiempo transcurrido entre su suscripción y su reembolso, siendo nula a partir de un determinado periodo de permanencia. El importe de esta comisión se calcula sobre el valor de las participaciones reembolsadas (vendidas) con un máximo del 1 % para los FIAMM y un 5 % en el caso de los FIM.

A continuación, se muestra una parte del folleto correspondiente a un fondo mixto de renta variable y fija:

Descripción

Índice 70% Eurostoxx-50 30% AFIFI	Cod. ISIN ES0111029031	Com. Depósito 0,15%
Categoría Mixto RV	Rgtro CNMV 1771	Com. Gestión 2,00%
Divisa Euro	Liq. Compra D	Riesgo MIFID ALTO
Inicio 05/03/1999	Liq. Venta D + 1	Riesgo (de 1 a 7) 1 2 3 4 5 **6** 7
Patrimonio 9.819.440 €	V. liquidativo 8,33964 €	+ Riesgo

Es un fondo 70/30 esto es, invierte el 70 % del patrimonio en acciones del índice, en este caso Eurostoxx 50, y el 30 % restante, en renta fija. El código ISIN es único para cada fondo de inversión y no es más que una identificación de este no pudiendo existir, por tanto, dos fondos con el mismo ISIN. En la columna de la derecha del todo aparecen las comisiones de depósito y gestión, el riesgo del fondo y otros datos. Fijémonos ahora en los campos *Liq. Compra* y *Liq. Venta;* estos nos dicen qué valoración será tomada en cuenta a la hora de vender participaciones del fondo. Así, en el caso de la compra, será el valor liquidativo del mismo día de la operación, mientras que en la venta, será el día siguiente. En general, en los fondos con un riesgo menor existe la posibilidad legal de valorar a D-1, es decir, con valor liquidativo del día anterior; esto es así por la menor volatilidad de este tipo de fondos. La valoración D+1, como la que se aplica en la venta del fondo de nuestro ejemplo, es muy común en fondos que invierten en valores extranjeros, por aquello de tener en cuenta las posibles diferencias horarias.

CRITERIOS ESG

Los criterios ESG (ambientales, sociales y de gobernanza) en los fondos de inversión se refieren a un conjunto de estándares utilizados para evaluar las prácticas empresariales en tres áreas clave:

1. Ambientales (E): Impacto ambiental de la empresa, como su gestión de recursos naturales, emisiones de carbono y políticas de sostenibilidad.

2. Sociales (S): Relación de la empresa con sus empleados, proveedores, clientes y comunidades, incluyendo derechos humanos, condiciones laborales y responsabilidad social corporativa.

3. Gobernanza (G): Calidad del liderazgo empresarial, estructura de la junta directiva, transparencia, ética y cumplimiento regulatorio.

Los fondos de inversión que aplican criterios ESG buscan invertir en empresas que cumplen con altos estándares en estas áreas, promoviendo prácticas responsables y sostenibles a largo plazo.

1.3.4. La sociedad gestora

Como ya se mencionó, es la encargada de la gestión del fondo sin embargo puede decirse que además realiza funciones de:

• Asesoramiento. Comercialización de acciones de y participaciones de las IIC.

• Gestión de fondos de pensiones.

• Resolución de quejas y reclamaciones de los partícipes.

- Elaboración y publicación del folleto e informes periódicos de los fondos que gestione.

Deben estar autorizadas por el Ministerio de Economía, Comercio y Empresa y, como se dijo, son supervisadas por la CNMV. Además, debido al marco normativo europeo, si están autorizadas a ejercer en España, también lo están en los Estados miembros de la UE.

1.3.5. La entidad depositaria

El depositario debe cumplir con las siguientes obligaciones:

- Supervisar a la SGIC en beneficio de accionistas y partícipes.
- Satisfacer los reembolsos del patrimonio que la SGIC ordene.
- Vigilar las gestión de la SGIC en cuanto exposición al riesgo y los coeficientes legales establecidos.
- Otorgar documento de garantía del dinero depositado en el fondo.

Debe tener su domicilio social o filial constituida en España.

1.3.6. Instituciones de Inversión Colectiva de carácter financiero

Las IIC de este tipo son (con posterioridad a la ley de 2003):

- Los fondos de inversión que pueden dividirse en:
  — Fondos inversión libres (*Hedge Funds*) generalmente de alto riesgo y dirigidos a inversores cualificados y con altos patrimonios.
  — Fondos de fondos: aquellos que invierten en otros fondos de inversión en vez de en activos financieros.
  — Fondos de inversión cotizados (ETF): aquellos que cotizan en la bolsa de valores como si de una acción se tratase pudiendo comprarse y venderse como tal. Replican, por tanto, un índice bursátil.
  — Fondos compartimentalizados: aquellos que se subdividen en otros fondos con políticas de inversión diferentes, sus propias comisiones y valores liquidativos, etcétera.
- Las sociedades de inversión, representadas por las sociedades de inversión de capital variable, polémicamente conocidas como SICAV que se subdividen a su vez en:

— Sociedades de inversión libre: aplíquese lo mismo que para el caso de los fondos de inversión libres.

— Sociedades por compartimentos: tienen una serie de requisitos más estrictos respecto a las libres en cuanto a número mínimo de accionistas, capital desembolsado, etcétera.

• Los clubes de inversión: tienen un carácter menos formal donde familias o amigos reúnen su dinero o patrimonio para invertir conjuntamente en los mercados. Desde una perspectiva jurídica, son una comunidad de bienes regulada por el Código de Comercio. Poseen unos límites máximos de inversión por miembro de 12 020,20 € y el número de estos no puede ser superior a 50.

Las polémicas SICAV

Se dice que las SICAV evaden impuestos a las grandes fortunas porque estas solo tributan al 1 %. En realidad, esto no es del todo cierto. Una SICAV no deja de ser un fondo de inversión, pues es una IIC como cualquier otra. Una serie de inversores aporta patrimonio para su gestión. Dado que la SICAV dispone de personalidad jurídica propia, es esta (la sociedad en sí) la que tributa al 1 % por los beneficios obtenidos. Los inversores o partícipes de la misma solo tributan cuando deciden retirar total o parcialmente sus participaciones y, por tanto, como personas físicas tributarán a tipos entre el 21 % y el 27 %. Ahora bien, teniendo en cuenta que a estas sociedades pueden aportarse bienes inmobiliarios (propiedades, terrenos, etc.), vehículos (coches, aviones, barcos...), sí que han resultado una manera de proteger todo este patrimonio y evitar así el pago de mayores impuestos, no digamos cuando las SICAV a través de la ingeniería fiscal se complementan con sociedades pantalla en paraísos fiscales... Esta es una de las razones por la cual las grandes fortunas eluden el pago de impuestos e, incluso, puede parecer que apenas tienen bienes cuando en realidad están camuflados bajo el paraguas de estas sociedades. El juicio moral se deja a cargo del lector.

1.3.7. Instituciones de Inversión Colectiva de carácter no financiero

Comprenden:

• Los fondos de inversión inmobiliaria (FII): invierte en inmuebles urbanos en sus diversas variantes; en construcción, terminados, opciones de compra de los mismos. Todo ello sujeto como siempre a unos límites que en este caso sean quizás más importantes, pues las inversiones en bienes de esta naturaleza pueden ser muy ilíquidas.

- Otros fondos que inviertan en activos de naturaleza no financiera.

- Las sociedades de inversión no financieras que son las sociedades de inversión inmobiliaria (SII) y las sociedades cotizadas de inversión en el mercado inmobiliario (SOCIMI).

Estas últimas son un instrumento relativamente novedoso. Son sociedades anónimas que además cotizan en el mercado secundario e invierten exclusivamente en inmuebles con el fin arrendarlos posteriormente. Disponen de un régimen fiscal especial, pues al contrario que las SICAV tributan como sociedad al 19 %, pero los dividendos de los socios están exentos en general.

1.4. Productos de futuros

En este epígrafe se entra de lleno en uno de los apartados más técnicos y complejos de los mercados financieros: los productos derivados. En una obra de este tamaño es literalmente imposible estudiar ni siquiera con mediana profundidad estos mercados, por tanto, se han tratado de explicar las bases de funcionamiento de los principales derivados financieros en mercados organizados, futuros y opciones con especial hincapié en las diferencias entre ambos. También se describe el funcionamiento de los contratos *swap* y FRA, estos ya dentro de los mercados no organizados. Se deja al lector profundizar en aspectos más avanzados como las estructuras simultáneas u otros productos como los CFD, los cuales no le serán demasiado difícil de comprender si ha entendido bien los fundamentos de lo anterior.

1.4.1. Concepto

Este tipo de productos se encuadran dentro de los denominados productos derivados. Si bien en un epígrafe anterior hemos tratado los *warrants,* que son ciertamente un producto derivado, es conveniente ahora explicar previamente y con mayor detalle en qué consisten este tipo de productos y como se organizan en los distintos mercados. Para empezar, un derivado financiero con carácter general es aquel que se basa en el precio de otro activo llamado activo subyacente, pudiendo este último ser desde una materia prima, acciones, bonos, tipos de interés, etc. Sea cual sea su subyacente, son productos con un elevado apalancamiento y, por tanto, portan un elevado nivel de riesgo.

Se pueden negociar tanto en mercados de valores u organizados como en los llamados OTC (*Over The Counter*). Estos últimos en realidad no constituyen un mercado en sí, sino contratos individuales negociados libremente entre las partes. En los OTC el riesgo es mucho mayor, pues no existe la liquidez de un mercado organizado y puede ser complicado deshacer la operación llegado el caso. La ventaja, por tanto, de un mercado organizado es la presencia de un intermediario entre comprador y vendedor llamado cámara de compensación (*clearing house*). Cada parte se compromete no directamente con la otra, sino con la cámara de compensación (la cámara compra al vendedor y vende al comprador) y esta establece unas garantías. Estas se suelen establecer al cierre diario del mercado obligando a la parte cuya posición entrase en pérdidas a aportar la diferencia que podría reintegrarse, en el caso de que posibles ganancias en días posteriores compensasen dichas pérdidas. Este hecho limita bastante el riesgo, puesto que la parte que esté perdiendo dinero y tenga por tanto que aportar diariamente garantías se pensará dos veces si le conviene mantener abierta la posición. En cualquier caso, si una parte no puede hacer frente a las garantías, la cámara deshace la posición limitando la pérdida a la de un día. Además, simplemente por el hecho de abrir una posición las partes han de depositar de antemano un porcentaje inicial en concepto de dichas garantías, la cuantía del depósito dependerá del tipo de contrato y activo subyacente que se negocie.

En España, el mercado de productos derivados está regulado por MEFF Exchange y su cámara de compensación BME Clearing. En sus respectivos sitios web puede obtenerse multitud de información y detalles respecto a su estructura, tipo de productos que se negocian, cotizaciones y un largo etcétera.

Dentro de los productos derivados que cotizan en MEFF, podemos distinguir:

- Futuros sobre distintos activos subyacentes, tales como:
  — IBEX 35.
  — Mini IBEX 35.
  — Micro IBEX 35.
  — IBEX 35 Bancos.
  — IBEX 35 Energía.
  — Acciones (BBVA, Telefónica, Inditex, etcétera).
- Opciones sobre:
  — IBEX 35.
  — Sobre acciones estilo americano.
  — Sobre acciones estilo europeo.

Es importante mencionar que existen igualmente opciones no financieras como aquellas sobre *commodities* (materias primas).

En la web del MEFF se puede observar la ficha técnica de cada una de las alternativas que se mencionan.

Por otra parte, en cuanto a los productos OTC, los más importantes son:

- FRA: acrónimo de *Forward Rates Agreement* o futuros sobre tipos de interés.

- *Swaps,* o permutas financieras.

- *Forwards:* son contratos de futuros no normalizados.

Comenzamos por los futuros, tal y como reza el título del epígrafe.

Los futuros son contratos a plazo normalizados y que se negocian en un mercado organizado, por el cual ambas partes se comprometen a la compra o venta de un determinado activo subyacente en una fecha futura denominada *fecha de liquidación* a un precio determinado en el contrato *(precio del futuro)*. Para el comprador, supone la obligación de comprar el activo en el futuro al precio especificado, por tanto, si el subyacente a dicha fecha cotiza en el mercado a un valor superior al del contrato, obtendrá beneficios, y si es inferior, pérdidas:

> Beneficios si: Precio Activo > Precio Contrato
>
> Pérdidas si: Precio Activo < Precio Contrato

Gráficamente, se suelen representar en un eje de coordenados donde la abscisa representa el precio del activo subyacente, y el de ordenadas, el beneficio o la pérdida en la que se incurre:

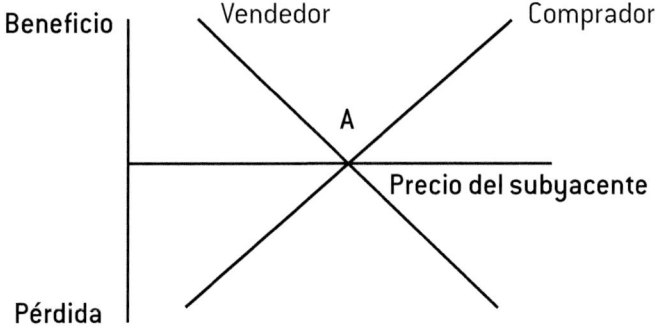

Se observa cómo en el caso de un comprador la línea tiene pendiente positiva. También podemos disfrutar de un contrato de futuro como vendedor; en este caso, la línea tendrá pendiente negativa, pues habrá beneficios cuando el precio del subyacente en el mercado sea inferior al precio del contrato, y viceversa. Luego, en un futuro, con posición vendedora:

> Beneficios si: Precio Activo < Precio Contrato
>
> Perdidas si: Precio Activo > Precio Contrato

Cabe mencionar que no es necesario esperar a vencimiento pudiendo cancelar la operación en cualquier momento de la vida del contrato.

Tampoco es necesaria la entrega física del producto o activo, sino que al igual que sucedía con los *warrants* se liquidará por diferencias.

Se muestra a continuación, a modo de ejemplo, la cotización de los contratos de futuro sobre acciones de la compañía Repsol:

VENCIMIENTO	TIPO	COMPRA			VENTA			ÚLT.	VOL.	APER.	MÁX.	MÍN.	ANT.
		ORD.	VOL.	PRECIO	PRECIO	VOL.	ORD.						
21 jun. 2024	Entrega	1	50	14,87	14,92	25	1	-	0	-	-	-	15,01

Se puede observar que la fecha de vencimiento es el 21 de junio de 2024. Si compramos un futuro (posición larga), nos comprometemos a comprar a esa fecha 100 acciones (este es el llamado *nominal de contrato*) a 14,92 €/acción o a vender (posición corta) el mismo número de acciones a 14,87 €/acción.

Para comprar un futuro sobre este activo, tendríamos que desembolsar (asumiremos gastos y comisiones nulas) únicamente la garantía (recordemos que no se están comprando las acciones en el momento de la operación), que es de un 15 % según lo establecido para este valor en concreto:

$$100 \text{ acciones} \times 14,92 \text{ €/acción} \times 0,15 = 223,80 \text{ €}$$

Si hubiéramos comprado las acciones directamente, hubiéramos tenido que desembolsar suponiendo que cotizasen digamos a 14,92 €:

$$100 \text{ acciones} \times 14,92 \text{ €/acción} = 1492 \text{ €}$$

Si llegada la fecha de vencimiento (suponiendo que esperásemos a esta) las acciones cotizaran a 16 €, tendríamos una ganancia de:

$$100 \text{ acciones} \times 16 \text{ €} - (100 \text{ acciones} \times 14,92 \text{ €}) = 108 \text{ €}$$

Este beneficio se compara con la inversión inicial que realmente es importe de las garantías, obteniendo una rentabilidad de:

$$\frac{108}{223,80} \times 100 = 48,52\,\%$$

Si hubiéramos operado directamente con las acciones, obtendríamos una ganancia de:

> 100 acciones × 16 € - (100 acciones x 14,92 €) = 108 €

Lo que supone un mayor beneficio; sin embargo, calculando la rentabilidad tenemos:

$$\frac{108}{1600} \times 100 = 6,75\,\%$$

La conclusión que se deriva del ejemplo es clara. Operando con futuros la rentabilidad es mucho mayor, puesto que con una baja inversión inicial se puede obtener una rentabilidad mucho mayor ante, en este caso, una subida de menor cuantía del subyacente que operando de manera tradicional, lo que en un epígrafe anterior denominábamos apalancamiento. Puede el lector si lo desea efectuar los mismos cálculos para el caso de una bajada del subyacente y ver cómo las pérdidas también se magnifican, de ahí el elevado riesgo de estos productos y la necesidad de depositar garantías.

Es importante señalar que operando con futuros las garantías se liquidan cada día, aunque aún no haya llegado la fecha del vencimiento o nos hubiéramos desecho del contrato antes del mismo, cosa que no sucede operando de forma tradicional.

1.4.2. FRA. Acuerdos de tipos futuros

FRA (*Forward Rate Agreement*) no son más que un tipo de contratos de futuros que versa sobre los tipos de interés. Se encuadra dentro de los mercados OTC o no normalizados. Estos instrumentos se utilizan tanto como instrumento de cobertura para protegerse ante subidas de los tipos de interés, así como para operaciones especulativas. En estos contratos lo que se liquidan son corrientes o flujos de intereses, y esto como siempre se hace por diferencias entre el tipo de interés acordado en el contrato y el de mercado. Habiendo entendido el funcionamiento de un futuro, la conclusión es inmediata; interesa comprar un FRA en el caso de que seamos prestatarios, y obtendremos beneficios si efectivamente a vencimiento el tipo de interés de mercado es superior al de contrato. Por el contrario, una posición corta o vender un FRA será conveniente en el caso de ser prestamista, pues si acertamos en nuestras expectativas, nos protege de una bajada del tipo de interés.

En un contrato de futuros de este tipo, dado que lo que se intercambian son flujos de intereses, estos deberán ser calculados sobre una base o valor nocional.

Por otra parte, el tipo de interés que se pacte depende de una serie de variables como son:

- El mayor tipo de interés de mercado en un periodo dado.

- El menor tipo de interés de mercado en un periodo dado.

- El número de días del periodo de mayor tipo de interés. El número de días del periodo de tipo de interés.

La liquidación de un FRA se realiza también por diferencias, de manera que llegado el vencimiento, si el tipo de interés de mercado es superior al pactado, el vendedor paga la diferencia al comprador, y viceversa.

1.4.3. Los *swaps* (permutas financieras)

Los *swaps,* o permutas financieras, son acuerdos entre dos partes por los cuales ambas se comprometen al intercambio de cantidades de dinero durante un periodo especificado y bajo ciertas condiciones. Existen *swaps* sobre diferentes activos tales como:

- Divisas.

- Tipos de interés.

- Materias primas.

- Acciones o índices.

- Mixtos. Al igual que sucede con buena parte de los productos de inversión, estos pueden tener una finalidad de cobertura y otra especulativa.

Los *swaps* sobre tipos de interés se encuentran entre los más comunes y han sido recientemente objeto de polémica por su relación con algunos préstamos hipotecarios. Un *swap* de este clase consiste en la obligación de intercambiarse una corriente de intereses expresados en una moneda y calculados utilizando como base un capital (nominal o nocional) de la misma cuantía para las partes pero referenciados a distintos tipos de interés. Si una empresa se endeuda por un importe a tipo de interés fijo y otra lo hace a tipo de interés variable con referencia euribor, por ejemplo (los capitales no tienen por qué ser iguales), la primera puede querer protegerse de bajadas de tipos y la segunda de subidas, luego el endeudado a tipo fijo pagará al otro por diferencias la parte variable, y viceversa, de ahí que se trate de un intercambio o permuta. Digamos que el nocional, o base de cálculo del contrato, es de 1 millón de €; si el tipo de interés fijo es del 7 % anual y el variable es para un periodo de 3 años del 5 %, 6 % y 7,5 %, respectivamente, el flujo de interés quedaría:

Año	Tipo fijo	Euríbor	Pago fijo	Pago variable	Diferencia neta (flujo intercambiado)
1	7 %	5 %	70 000 €	50 000 €	20 000 €
2	7 %	6 %	70 000 €	60 000 €	10 000 €
3	7 %	7,5 %	70 000 €	75 000 €	− 5000 €

El beneficiado por el *swap* en este caso es el endeudado a tipo variable, ya que los tipos de interés (euríbor) han estado la mayor parte de la vida del *swap* por debajo del fijo.

Sobre *swaps,* hipotecas y malas sorpresas

Cuando el tipo de interés de referencia (euríbor) llegó al 5,3 % a finales del año 2008, muchas familias se llevaron una desagradable sorpresa con su hipoteca. Aquellas que años anteriores habían suscrito un préstamo hipotecario vinculado a un *swap* con la intención de protegerse ante subidas en el tipo de interés (pues previamente los tipos habían llegado a niveles realmente bajos). Cuando desde la explosión de la burbuja financiera e inmobiliaria los bancos centrales fueron bajando los tipos, estos *swaps* hipotecarios se «activaron» obligando a las familias a realizar enormes desembolsos de intereses, como se explicó en el cuadro anterior. Teniendo en cuenta que en demasiadas ocasiones ni las entidades financieras ni los fedatarios públicos explican como es debido toda la letra del contrato y, además, muchos prestatarios no se molestan en revisar minuciosamente su contrato, el descalabro financiero puede ser mayúsculo. Hipotecarse es una decisión muy importante con amplias implicaciones económicas, sociales y personales; bien merece, pues, dedicar un tiempo y contratar los servicios de un experto independiente que nos asesore adecuadamente.

1.4.4. Opciones

Le será al lector muy familiar este epígrafe, pues este tipo de producto derivado es muy similar a los ya explicados anteriormente *warrants*. Por ello, nos volvemos a encontrar con la posibilidad u opción de comprar o vender un determinado activo subyacente, a un precio determinado en una fecha pactada. Cuando adquirimos una opción, lo que pagamos es el derecho a comprar o vender. Al coste de adquisición de este derecho se le denomina prima.

Principales diferencias entre los *warrants* y las opciones

- Los *warrants* tienen un emisor o entidad que los vende; el resto de los participantes solo pueden comprarlos, mientras que cualquiera puede vender (y por supuesto comprar) opciones. Una consecuencia de esto es que las primas de las opciones suelen ser más baratas que las de los *warrants*.

- En oposición a la característica anterior, los *warrants* son más líquidos que las opciones, pues se encuentran respaldados por el emisor.

- Los *warrants* disponen de una gama de subyacentes más amplia que las opciones.

- Las comisiones derivadas de operar con opciones son más bajas que las de los *warrants*.

La prima de una opción cotiza en el mercado y esta cotización se puede desglosar en:

- Valor extrínseco o temporal, que depende sobre todo del tiempo restante hasta el vencimiento de la opción, la volatilidad del activo subyacente e incluso los tipos de interés.

- Valor intrínseco: diferencia entre el precio de mercado del subyacente y el precio de ejercicio ponderado por el tiempo que resta desde la fecha actual hasta el vencimiento.

Recordemos que la volatilidad mide la variabilidad del resultado esperado, luego una gran volatilidad implica mayor incertidumbre.

Las opciones, como cualquier derivado financiero, son productos con un alto grado de apalancamiento y, por tanto, elevado riesgo, si bien es cierto que respecto a los futuros podemos limitar las pérdidas al coste de la prima pagada en el caso de las opciones de compra. En cualquier caso, es necesaria la aportación de garantías en las opciones de venta.

Como los *warrants*, las opciones que dan derecho a comprar se denominan *CALL*, y las de venta, *PUT*. Es importante señalar que si bien en las opciones se habla de una fecha específica para la ejecución del derecho, la mayoría de las opciones son de tipo americano, donde podemos ejercitar el derecho incluso antes de dicha fecha, que en este caso actúa como fecha límite. Por el contrario, en las opciones europeas el derecho solo se puede ejercer en la fecha especificada.

El beneficio, o pérdida, derivado de una operación con opciones será:

- En las *CALL*, cuando el precio de mercado del subyacente sea mayor que el de ejercicio (*strike*) mientras que en las *PUT* será lo contrario. Se dice en este caso que la opción está *In The Money* (ITM).

- Si la opción está *At The Money* (ATM), entonces el precio de ejercicio y el de mercado coinciden y nos será indiferente ejercer el derecho o no. Debemos tener en cuenta la existencia de comisiones que a efectos de liquidez pueden hacer pasar de un beneficio nulo a una pérdida...

- Si la opción está *Out of The Money* (OTM), no ejerceríamos el derecho, puesto que hacerlo daría lugar a pérdidas, y dejaríamos expirar la opción limitando la pérdida a la prima pagada.

Si nuestras expectativas sobre el subyacente son alcistas, compraríamos una *CALL* o su complementario, venderíamos una *PUT*. En el primer caso, tendríamos las posibles pérdidas limitadas a la prima y los beneficios potenciales ilimitados, mientras que en el segundo, puesto que estamos vendiendo, nuestro beneficio serían los ingresos derivados de la prima, pero nuestras pérdidas serían ilimitadas. Por el contrario, si nuestras expectativas fueran bajistas, podríamos comprar una *PUT* limitando las pérdidas a la prima pagada con beneficios potenciales ilimitados, o bien vender una *CALL* con efectos similares a la venta de una *PUT*. Como se deduce, el riesgo es mayor en la venta de opciones (posición corta), pues las pérdidas podrían ser ilimitadas, de ahí la mayor necesidad de aportar garantías en estas últimas. Se pueden emplear multitud de estrategias de cobertura para protegerse de los riesgos de subidas y bajadas del subyacente según hayamos abierto una posición corta (*PUT*) o larga (*CALL*), si bien por su complejidad entendemos que excede de lejos las pretensiones de esta obra.

Las opciones suelen representarse gráficamente en un eje de coordenadas donde de nuevo las abscisas representan el precio del subyacente y el de ordenadas representa el beneficio o la pérdida. Para el caso de la compra de una *CALL*:

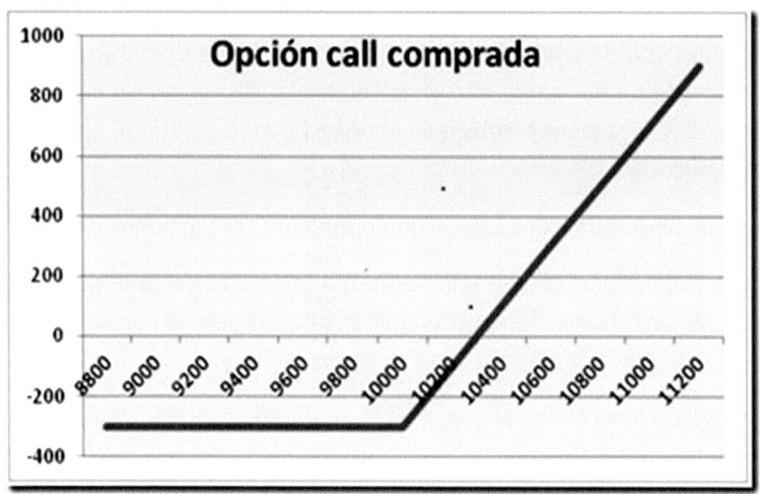

El gráfico representa una compra de *CALL* cuyo precio de ejercicio o *strike* es de unos 10 300 (opción sobre IBEX 35). En caso de que el IBEX estuviera a más de 10 300 obtendríamos beneficios, y si fuera inferior, dejaríamos expirar la opción limitando la pérdida a la prima pagada que, en este caso, se sitúa sobre los 300. De nuevo, conviene recordar la importancia de considerar en todo momento los gastos y comisiones de intermediación, ya que si lo hacemos se observa cómo para entrar en beneficios el subyacente debería cotizar a más de 10 300 para compensar dichos gastos.

En el caso de comprar una *PUT,* el gráfico, como es lógico, se invierte:

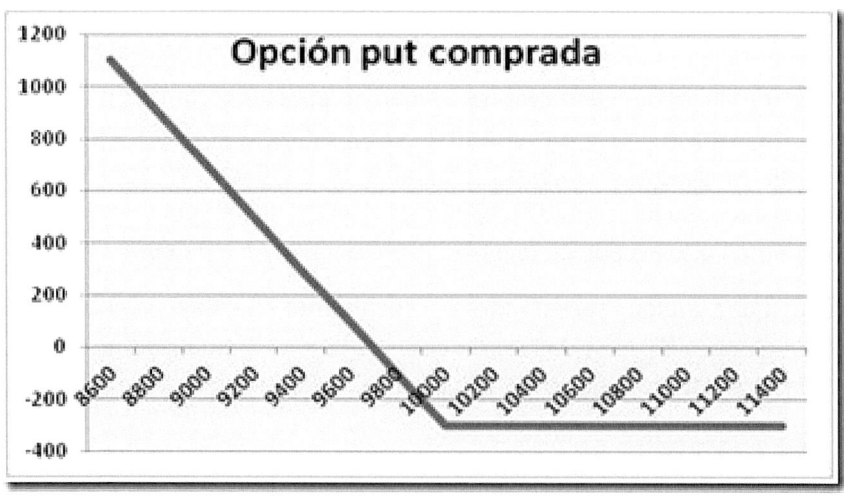

En este caso, comenzaríamos a pensar en obtener beneficios si el subyacente bajase por debajo de los 9700 puntos con las mismas consideraciones sobre los gastos que las advertidas en el caso anterior.

En España, el mercado de opciones (MEFF) dispone de las siguientes alternativas para invertir en estas:

- Sobre el IBEX 35.

- Sobre acciones estilo americano.

- Sobre acciones estilo europeo.

En el sitio web www.meff.es disponemos de toda la información en cuanto a nominales, características, operativa, etc., para cada una de las opciones anteriores.

1.5. Fiscalidad de los activos financieros para las empresas

Examinamos ahora la tributación de los activos de renta fija, variable y derivados financieros. A lo largo del epígrafe tomaremos como referencia la normativa fiscal vigente a la fecha de elaboración de esta obra sin perjuicio de los posibles regímenes transitorios de los que pudieran disfrutar los contribuyentes que operasen con activos financieros adquiridos previos a la vigente normativa fiscal ni de los cambios en la normativa que pudieran acontecer entre medias.

1.5.1. Renta fija y renta variable

En el sistema fiscal español, los rendimientos que generan los activos financieros de renta fija se integran en la denominada base imponible del ahorro correspondiente al impuesto sobre la renta de las personas físicas (IRPF), siendo considerados como rendimientos de capital mobiliario. Como normal general, aplicable a todos aquellos rendimientos integrables en la base del ahorro, la tributación se aplica por escalas en función de la cuantía de dichos rendimientos gravándose a porcentajes (tipos impositivos) que oscilas entre el 19 y el 28 % en función del importe de esta base.

Debemos tener en cuenta que, además, en el momento de la percepción de los rendimientos se nos exigirá, con carácter general, un adelanto de los mismos, o *retención fiscal,* que a la fecha de elaboración de la presente obra se sitúa en el 19 %.

Como gastos deducibles a efectos de la determinación del rendimiento *neto* de capital mobiliario se permiten los de custodia y depósito de valores negociables, tanto de renta fija como variable, no pudiendo en ningún caso ser desgravados los honorarios de profesionales expertos en gestión de carteras de inversión, etcétera.

Ejemplo de tributación de un bono:

Supongamos que adquirimos en subasta un bono del Estado a 3 años cuyo precio de adquisición fue de 1000 € (nominal) y 10 € de gastos de transacción. El bono rinde un 2 % de interés nominal anual. El primer año percibimos el preceptivo cupón de intereses, es decir:

$$1000 € \times 2\,\% = 20 €$$

Este importe será integrado en la declaración anual de renta en la base del ahorro y, suponiendo que fuera el único rendimiento, tributaría a un tipo del 19 %.

El inversor no recibirá, sin embargo, este importe dado que los intereses están sujetos a retención del 19 %, percibiendo entonces neto:

$$20 € \times (1 - 0,19) = 16,20 €$$

La retención será entonces, por diferencias, 3,80 €. Este importe se deduciría de la cuota líquida del impuesto junto con las restantes retenciones que hubiera soportado el sujeto pasivo (inversor) derivados de todos sus rendimientos (trabajo, inmobiliario, etcétera).

Supongamos ahora que al siguiente año, además de cobrar el correspondiente cupón, vende el bono por 1100 € soportando unos gastos de transacción de 12 €. En este caso, seguiría tributando por los intereses exactamente como explicamos pero además debería tributar por la plusvalía o ganancia obtenida, que será la base de tributación:

Base de tributación = (Precio Venta − Gastos) − (Precio de Compra + Gastos)

En terminología fiscal, al primer paréntesis se le denomina valor de transmisión, mientras que al segundo valor de adquisición.

Lo que aplicado al ejemplo sería:

Base de tributación = (1100 + 12) − (1000 + 10) = 102 €

Este importe sería igualmente integrado en la base del ahorro de la declaración anual de renta junto con los intereses.

La venta del bono, al contrario que los intereses, no está sujeta a retención.

En el caso de las letras del tesoro, dado que como vimos se emiten al descuento y no se percibe cupón alguno, su tributación es igual que la correspondiente a la venta del bono en nuestro ejemplo, teniendo además en cuenta que tampoco está sometida a retención alguna.

La tributación de la renta variable sigue un esquema bastante similar al de la renta fija. Sabemos que unas acciones pueden rendir dividendos y, por otra parte, ser objeto de venta obteniendo un beneficio o una pérdida en la misma.

Los dividendos se consideran también rendimientos de capital mobiliario y forman parte de la base del ahorro del contribuyente y están sujetos a la escala de tipos mencionada.

Por otra parte, si en la venta se genera una plusvalía, esta tiene la consideración de ganancia patrimonial, cuya base de tributación será el valor de transmisión minorado por el de adquisición.

Supongamos ahora que un inversor vende por 12 000 € unas acciones que había adquirido por 9000 € dos años antes. Los gastos de venta fueron de 100 € y los de compra de 90 €. ¿Cuál será la base de tributación?

Será la diferencia entre el valor de transmisión y el de adquisición:

$$(12\,000 - 100) - (9000 + 90) = 2810\ €$$

Importe que tributaría según la legislación de IRPF actual al 21 % (de nuevo no confundir con la retención).

Conviene diferenciar que la normativa del IRPF distingue entre ganancias y pérdidas obtenidas en un periodo inferior o igual al año y las obtenidas en un periodo superior al año. Si el inversor del ejemplo hubiera adquirido las acciones, por ejemplo, 3 meses antes, entonces la base de tributación sería la misma, pero se integraría en la base general del IRPF tributando a un tipo que dependería de manera directa de la cuantía de los restantes rendimientos del contribuyente. Esta distinción es importante cuando se obtienen pérdidas por la venta de acciones; estas no tributan (no tiene sentido tributar por un rendimiento negativo...), pero lo que se permite es la compensación de pérdidas con plusvalías que tengan el mismo periodo de generación, permitiéndose compensar pérdidas obtenidas en un año o menos con ganancias del mismo periodo, aplicando el mismo razonamiento a las obtenidas en más de un año.

Así, un inversor que venda simultáneamente dos paquetes de acciones que había adquirido dos años antes obteniendo un beneficio de 2000 € y una pérdida de

800 € en el otro, en este caso a efectos fiscales la tributación efectiva se realizaría sobre 1200 €. Se dispone de 4 años para compensar las pérdidas con beneficios.

Finalmente, es importante señalar que en el caso de la venta de los derechos de suscripción en el mercado, el importe obtenido se deduce del valor de adquisición de las acciones que conllevan los derechos, no estando sujetos a retención.

1.5.2. Deuda pública y deuda privada

La tributación de la deuda pública ya se explicó en el epígrafe anterior. La tributación de la deuda privada es igual que la correspondiente a la deuda pública. En el caso de los pagarés, bonos y obligaciones de empresa, así como títulos hipotecarios, los intereses y las plusvalías obtenidas por su reembolso o amortización tienen la consideración de rendimientos de capital mobiliario y se integran en la base imponible del ahorro. La percepción de cupones de intereses está sometida a la retención correspondiente del 19 %, mientras que no lo está el importe derivado de la transmisión o reembolso.

Las letras del tesoro están exentas de retención.

1.5.3. Fondos de inversión

La principal ventaja de un fondo de inversión es la ausencia de tributación hasta el momento de la transmisión o venta de todo o parte del mismo. Cuando este hecho se produzca, se tributará por la ganancia patrimonial si existiera entendida tal como la diferencia entre el valor de transmisión y el de adquisición. Sobre dicha ganancia se aplica, no obstante, un porcentaje de retención hoy por hoy establecido, como ya sabemos, en el 19 %. Igualmente, las ganancias obtenidas se integran en la base imponible del ahorro tributando al tipo que corresponda según el importe de la ganancia, oscilando en el año 2024 entre el 21 % y el 28 %

Ejemplo:

Un inversor adquiere 100 participaciones a 15 € cada una en fecha 2 de enero de 2023 y las vende íntegramente el 4 de febrero de 2024 a 20 € cada una. La ganancia que constituye base de tributación sería de:

$$\text{Ganancia patrimonial} = (100 \times 20) - (100 \times 15) = 500\ €$$

Sobre esta, se aplicará el tipo impositivo del 21 % sin olvidarse de la retención del 19 % (95 euros).

Si el inversor hubiera adquirido las participaciones en diferentes tandas y, por tanto, lo más probablemente a diferentes precios, a la hora de calcular la ganancia patrimonial, se aplica el método FIFO (*First In First Out*) donde se considera que las participaciones vendidas son las primeras que el inversor adquirió.

Ejemplo:

Un inversor adquirió 50 participaciones a 15 € el 1 de enero de 2023, 25 participaciones a 12 € el 30 de marzo de 2023 y otras 25 participaciones a 18 € dos meses más tarde. Tres años después vende 80 participaciones a 25 €.

El valor de transmisión será: 80 participaciones x 25 € = 2000 €

El valor de adquisición será el compuesto por:

$$50 \text{ participaciones} \times 15 € = 750 €$$
$$25 \text{ participaciones} \times 12 € = 300 €$$
$$5 \text{ participaciones} \times 18 € = 90 €$$

En total, el valor de adquisición asciende a: 1140 €

La ganancia patrimonial será: 2000 − 1140 = 860 €

El inversor se queda en su cartera del fondo de inversión con 5 participaciones valoradas al coste de 18 € cada una.

Existen algunos fondos garantizados donde la gestora se compromete a pagar al inversor una cierta cantidad o intereses, bien periódicamente, bien al vencimiento en una fecha determinada. En este caso, la cuantía de los mismos tiene la consideración de rendimientos de capital mobiliario integrándose en la base del ahorro.

1.5.4. Productos de futuros

La tributación de los productos de futuro y derivados financieros en general depende principalmente de la finalidad con la que se invierte en los mismos. Esta finalidad puede ser:

- Especulativa.
- Cobertura.

En el primer caso, las ganancias obtenidas serán consideradas con carácter general como ganancias patrimoniales que se manifestarán en el ejercicio en el que se cierre la posición y/o liquide el contrato. Por ejemplo, en el caso de una opción *CALL* compradora, la ganancia será la diferencia entre lo obtenido y el coste de la prima. En el caso de un futuro, la ganancia será la diferencia entre el valor de transmisión que será:

$$(\text{N.º Contratos adquiridos} \times \text{Precio del subyacente a vencimiento}) - \text{Gastos}$$

Mientras que el de adquisición será:

$$(\text{N.º Contratos adquiridos} \times \text{Precio adquisición}) + \text{Gastos}$$

La constitución de los depósitos de garantías no tiene relevancia a efectos fiscales a no ser que estas rindan algún interés, en cuyo caso estos tendrán la consideración de rendimientos de capital mobiliario.

En el caso de que la operación con derivados tenga una finalidad de cobertura de riesgos, las ganancias obtenidas se consideran rendimientos de actividades económicas siempre que el sujeto realice este tipo de actividades, en resumen serían un ingreso más para la empresa; tal sería el caso, por ejemplo, de una empresa distribuidora de combustibles que se quisiera asegurar la compra de petróleo a un precio determinado en el futuro.

1.6. Análisis de inversiones

Analizamos ahora los tres métodos de selección de inversiones tradicionales. Estos métodos pueden aplicarse tanto a proyectos de inversión en activos financieros, tal y como es el caso de esta obra, pero también a inversión en cualquier otro tipo de activos e igualmente a proyectos de financiación. En este apartado se recomienda al formador el uso simultáneo de la hoja de cálculo como apoyo.

1.6.1. VAN

El VAN, o valor actual neto, es el valor presente (hoy) de los flujos de caja netos generados por una inversión. Se relaciona con el concepto de actualización de rentas o flujos. En el epígrafe correspondiente a la rentabilidad de los títulos de renta fijo, ya se estudió este concepto. Se puede aplicar tanto a préstamos que pidamos como a inversiones que realicemos, esto es tanto para operaciones de financiación como de inversión. Es común representar en un gráfico el horizonte temporal de la inversión o préstamo junto con los flujos netos de caja esperados cada periodo. Estos flujos serían, en el caso de un préstamo, las cuotas para devolverlo, y en el caso de una inversión, podría ser el cobro de los intereses periódicos o los dividendos, por ejemplo.

Gráficamente, para el caso de una operación de financiación:

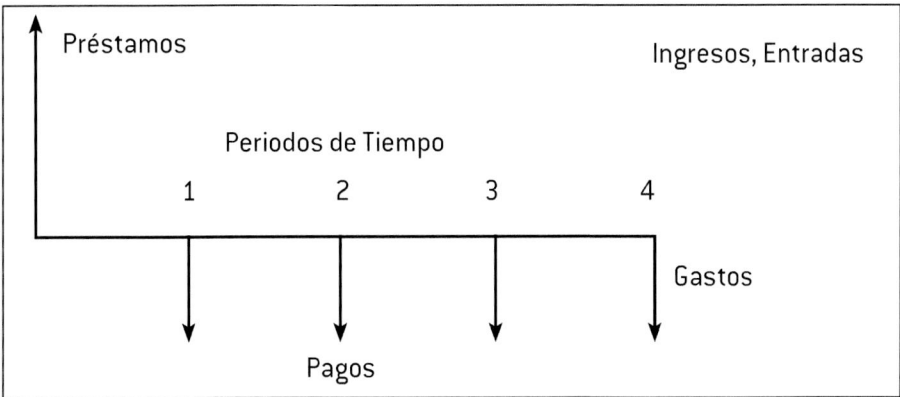

El hecho de que nos concedan un préstamo implica que primeramente obtenemos un flujo positivo (flecha hacia arriba) equivalente al dinero del préstamo que nos ingresa la entidad que nos lo ha concedido. Dado que hay que devolverlo, el resto de flujos será negativo pues nos supondrá un desembolso (flechas hacia abajo). En este caso particular, el gráfico muestra un horizonte temporal de 4 años.

Para el caso de una inversión:

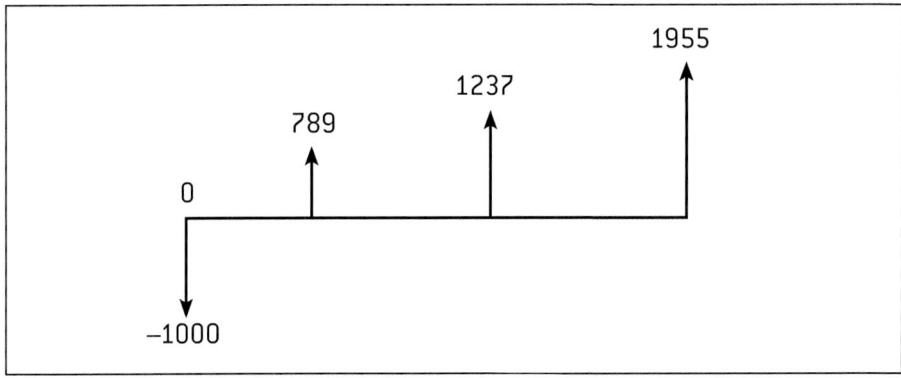

En este caso, al tener que desembolsar una cantidad inicial, el flujo es negativo, mientras que los siguientes son positivos, pues son cobros. Es importante señalar que los flujos a lo largo de la vida de la inversión no tienen por qué ser todos negativos o positivos, sino que pueden ser mixtos.

Calcular el VAN de una inversión viene a ser averiguar cuánto valen en el momento presente todos esos flujos que esperamos tener en el futuro. Dado que el dinero tiene un valor temporal (es preferible 1 € hoy a ese mismo € mañana), dicho cálculo debe hacerse tomando como referencia un tipo de interés también llamado tasa de descuento. De hecho, una de las críticas más comunes al VAN es precisamente la disparidad de resultados que puede originar el utilizar un tipo de interés u otro; así, algunos usan el tipo de interés oficial, otros el tipo de interés de un activo sin riesgo, otros la rentabilidad media histórica del tipo de inversión que se está evaluando, etcétera.

La fórmula del VAN con carácter general es:

$$VAN = -\,IN + \frac{D}{(1+i)} + \frac{D2}{(1+i)^2} + ... + \frac{Dn}{(1+i)^n}$$

Donde:

IN = Inversión Inicial (periodo actual o periodo cero).
D = Flujos de caja netos esperados en cada periodo.
i = tasa de descuento.
n = número de años de vida esperados de la inversión.

Se observa que la IN es negativa, puesto que supone un desembolso, y además no se actualiza, puesto que no tiene sentido hallar el valor presente de un flujo que ya existe en el presente. Una rápida observación de la fórmula nos permite extraer las siguientes conclusiones:

- Cuanto mayor sean los flujos de caja mayor será el VAN. Cuanto mayor sea la tasa de descuento menor será el VAN. Cuanto mayor sea el horizonte temporal de la inversión menor será el VAN.

Estas conclusiones se cumplen al contrario igualmente. La primera se entiende de inmediato: más flujo de caja siempre implica de por sí más valor. La segunda tiene su razonamiento en el hecho de que un mayor interés implica un mayor valor temporal del dinero, esto es, el coste de oportunidad de la inversión (lo que dejamos de ganar por realizar esta inversión y no otra) aumenta. Este último argumento se aplica también al horizonte temporal, pues el coste de oportunidad también aumenta; de hecho, un cálculo riguroso debería incorporar no solo el interés, sino también la inflación esperada a lo largo de dicho horizonte.

Una vez calculado entre distintas alternativas de inversión, se deberá optar por aquellas que tengan el mayor VAN dentro de los que devuelvan un resultado positivo, si bien en la práctica una inversión nunca debe ser elegida o rechazada por un solo criterio.

Ejemplo:

Invertimos 12 000 € en un activo financiero que promete el pago de 4000 € anuales durante 4 años y un último pago de 5000 € en el año 5 más la devolución del principal. Calcular su VAN si el tipo de descuenta es del 5 %.

Aplicamos la fórmula:

$$VAN = -12\,000 + \frac{4000}{1,05} + \frac{4000}{(1,05)^2} + \frac{4000}{(1,05)^3} + \frac{4000}{(1,05)^4} + \frac{17\,000}{(1,05)^5} = 1475,47 \text{ €}$$

Interpretando, esta inversión equivale hoy a 5810, 69 €.

El VAN se puede calcular con facilidad mediante hoja de cálculo informática. En el caso de Microsoft Excel, la fórmula que se debe emplear es VNA. Se muestra una captura de pantalla de su cálculo:

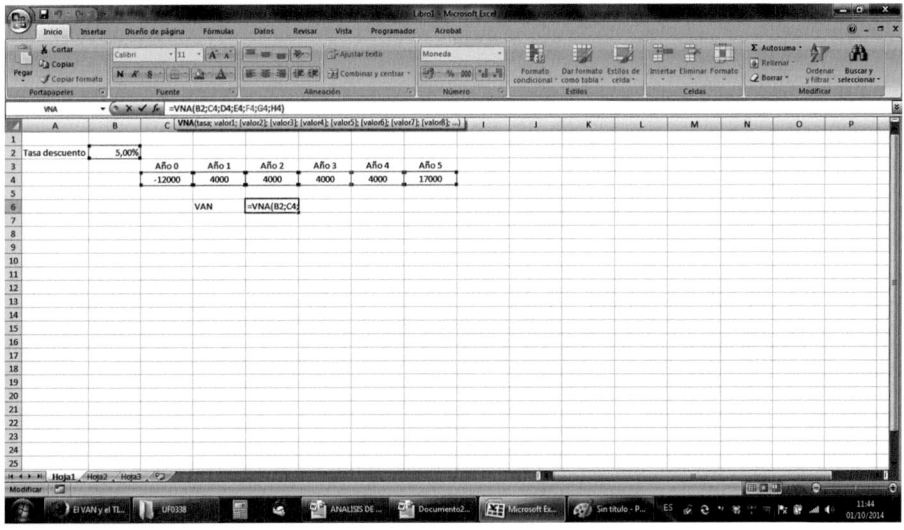

Podemos introducir diferentes tasas de descuento y/o valores de flujos e ir observando cómo varía el VAN.

En el caso de una inversión que prometa unos flujos futuros perpetuos (sin vencimiento previsible) y constantes, el cálculo se simplifica notablemente:

$$VAN = \frac{D}{i}$$

1.6.2. TIR

La TIR, o tasa interna de rendimiento, es otro método de valoración de inversiones, así como de operaciones de financiación, donde se obtiene la rentabilidad de los flujos de caja netos esperados que genere la operación. Dado que expresa rentabilidad, se expresa en porcentaje, en oposición al VAN que se expresa, como se ha visto, en unidades monetarias.

Desde la óptica de su cálculo matemático, la TIR es aquel tipo de interés o tasa de descuento que hace que el VAN sea nulo, luego su fórmula será:

$$0 = -IN + \frac{D1}{1+i} + \frac{D2}{(1+i)^2} + \ldots + \frac{Dn}{(1+i)^n}$$

Por tanto, en realidad su fórmula no será muy diferente de la del VAN de hecho es la misma, únicamente sustituiremos el VAN por cero y despejaremos la tasa de descuento que será la TIR, es decir:

$$TIR = i$$

Según la TIR, una inversión se llevará a cabo cuando esta sea positiva a la vez que superior a la rentabilidad que se le exige a la inversión. A modo de ejemplo, supongamos que la TIR de una inversión en renta variable es del 2 %, mientras que la rentabilidad de los bonos del Estado es del 2,5 %. La TIR es positiva pero no es coherente invertir en ese caso en renta variable, pues los activos sin riesgo (bonos del Estado) están rindiendo más y, por tanto, a la renta variable le debemos exigir mayor rentabilidad para compensar su riesgo inherente.

Si evaluamos diversas alternativas de inversión, todas ellas con TIR positiva y superior a la rentabilidad exigida, entonces llevaremos a cabo aquella con mayor TIR.

Ejemplo:

Calcular la TIR de un bono a 3 años de nominal 1000 € que rinde un cupón anual del 2,5 % y que cotiza en el mercado secundario a 910 €.

Recordemos de epígrafes anteriores que el valor de un bono hoy equivale al valor actual de sus flujos de caja futuros (intereses y devolución del nominal). Como nos dice que el bono está cotizando a 910 €, este será su valor actual neto o VAN y además el pago de intereses anual será de:

$$1000\ \text{€} \times 2{,}5\ \% = 25\ \text{€}$$

y la TIR se calculará con la siguiente expresión:

$$910 = \frac{25}{1+i} + \frac{25}{(1+i)^2} + \frac{25+1000}{(1+i)^3}$$

Despejando i obtenemos la TIR:

$$TIR = i = 5,86\ \%$$

De la fórmula se deduce una cierta complejidad matemática, pues debemos despejar i utilizando logaritmos; por ello, lo más conveniente es utilizar una calculadora financiera, o bien una hoja de cálculo. En el caso de Microsoft Excel, la función que se utilizará será TIR:

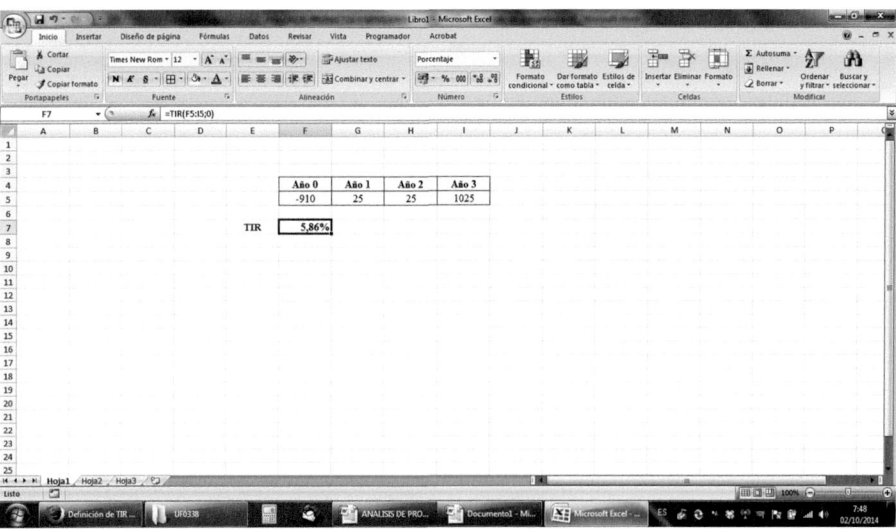

La TIR presenta, no obstante, numerosos inconvenientes. He aquí unos cuantos:

- Ofrece una rentabilidad igual para toda la vida de la inversión cuando sabemos que en la realidad se producen cambios en el entorno que harán variar dicha rentabilidad.

- Hasta ahora hemos asumido que los flujos de caja son todos positivos, pero no tiene por qué ser así; de hecho, es normal que en un periodo determinado tengamos algún flujo negativo. En este caso, el cálculo de la TIR podría dar lugar a soluciones inconsistentes, tales como la obtención de más de un TIR para una misma inversión o una TIR negativa, por ejemplo.

Al igual que sucedía con el VAN, el cálculo de la TIR en caso de flujos iguales y perpetuos se simplifica enormemente:

$$TIR = \frac{D}{IN}$$

1.6.3. *Payback*

También denominado plazo de recuperación, proporciona el plazo de tiempo en el que recuperaremos la inversión a través de los flujos netos de caja esperados, por tanto su fórmula será:

$$Payback = \frac{IN}{D}$$

De los métodos vistos hasta ahora, este quizás sea el menos exacto y riguroso, si bien aporta una idea del tiempo mínimo necesario para recuperar lo invertido. Sin embargo, cuenta con varios inconvenientes:

- No tiene en cuenta el valor temporal del dinero, es decir, obvia totalmente la tasa de descuento.

- No proporciona medida de la rentabilidad, al menos de manera directa.

- Una inversión puede seguir generando flujos netos de caja positivos una vez que se haya recuperado, y este método no tiene en cuenta este hecho.

En el caso de que los flujos de caja sean iguales y perpetuos, sí es fácil obtener la rentabilidad, pues esta será la TIR equivaliendo a la inversa del *payback*.

Ejemplo:

Una inversión que supone un desembolso inicial de 30 000 € promete unos flujos netos de caja anuales de 7000 €. Calcular su *payback*.

$$Payback = \frac{30\,000}{7000} = 4{,}28 \; años$$

Es decir, aproximadamente se tardará en recuperar la inversión 4 años y un trimestre.

Para calcular su rentabilidad o TIR, recordemos que esta será la inversa del *payback* luego:

$$TIR = \frac{1}{Payback} \times 100 = \frac{1}{4{,}28} \times 100 = 23{,}33 \, \%$$

Como es lógico pensar, elegiremos aquellas inversiones cuyo *payback* sea menor.

Preguntas verdadero o falso

1. Los activos financieros de renta variable solo obtienen rentabilidad como diferencia entre valor de compra y valor de venta.

2. Los únicos activos financieros de renta variable son las acciones.

3. Los depósitos a plazo fijo son instrumentos de inversión de bajo riesgo.

4. Los depósitos a plazo fijo son instrumentos inversión de alta rentabilidad.

5. A menudo retirar el depósito antes de su vencimiento implica una penalización.

6. En España, el Fondo de Garantía de Depósitos garantiza lo depositado en caso de quiebra de la entidad hasta un límite de 100 000 € por titular.

7. La TAE implica hacer iguales todas las rentabilidades de distintas alternativas de inversión.

8. Todos los títulos de renta fija son emitidos por entes públicos.

9. El precio que hemos de pagar por la compra de un título de deuda pública es siempre su nominal.

10. Los títulos de renta fija se pueden adquirir en subasta o en un mercado secundario organizado.

11. Los cupones son la percepción periódica de intereses del título de renta fija.

12. Todos los títulos de renta fija se emiten por el nominal.

13. Las letras del tesoro se emiten al descuento.

14. La rentabilidad de una letra del tesoro se calcula como diferencia entre su valor de adquisición y su nominal.

15. El valor de un título de renta fija equivale al valor presente de sus flujos futuros.

16. Bajo ningún concepto es posible incurrir en pérdidas invirtiendo en títulos de renta fija.

17. En caso de quiebra de una entidad, el accionista se sitúa al mismo nivel que un bonista a la hora de recuperar su inversión.

18. La rentabilidad que se exige a los títulos de renta variable siempre será más alta, puesto que soportan mayor riesgo.

19. El Mercado de Corros es el mercado de renta variable de mayor liquidez en España.

20. La CNMV supervisa los mercados de renta variable en España.

21. El valor teórico de una acción no varía.

22. El valor nominal de una acción no varía en tanto en cuanto no se lleven a cabo ampliaciones o reducciones de capital.

23. La diferencia entre el dividendo bruto y el neto es la retención fiscal.

24. Los derechos de suscripción aparecen en caso de ampliaciones de capital en la empresa.

25. Los derechos de suscripción cotizan en el mercado.

26. Los gastos, comisiones e impuestos asociados a la compraventa de acciones son externos y, por tanto, no influyen en modo alguno en la rentabilidad de las mismas.

27. En la rentabilidad por dividendo no influye el valor de cotización de las acciones, pues estos no son más que los beneficios que la empresa decide distribuir entre sus accionistas.

28. Si nos dicen que la prima de riesgo de un bono español es de 500 puntos básicos, significa que se le exige una rentabilidad un 0,5 % mayor que la del activo sin riesgo de referencia.

29. Un punto básico equivale a un 1 %.

30. La calificación crediticia influye en la prima de riesgo.

31. La rentabilidad y el riesgo guardan siempre una relación directa.

32. Los títulos de deuda pública a corto plazo en España se representan mediante las obligaciones del Estado.

33. Los títulos de deuda pública a plazos entre 3 y 5 años en España se representan mediante los bonos del Estado.

34. Los inversores particulares en España solo pueden comprar deuda pública a través de una entidad financiera.

35. La rentabilidad obtenida en una letra del tesoro será mayor cuanto menor sea el tipo de interés al que se emita.

36. La rentabilidad obtenida en una letra del tesoro será menor cuanto mayor sean los gastos y comisiones asociados a la transacción.

37. La rentabilidad obtenida en una letra del tesoro será menor cuanto menor plazo transcurra desde su compra hasta su vencimiento.

38. Los únicos títulos de deuda pública emitidos al descuento en España han sido las letras del tesoro.

39. Cuando sube la rentabilidad o interés de un bono su precio en el mercado secundario baja y viceversa.

40. Una curva de tipos de interés con pendiente negativa implica que los prestatarios esperan para el futuro tipos de interés menores.

41. Los títulos de renta fija privada ofrecen una rentabilidad igual o menor que los títulos de deuda pública.

42. Los títulos de renta fija privada soportan siempre más riesgo que los de deuda pública.

43. La función de los intermediarios financieros es únicamente su beneficio al mediar en las transacciones.

44. Los títulos de renta fija privada son emitidos mayoritariamente por grandes empresas.

45. Las participaciones preferentes otorgan al suscriptor los mismos derechos que a un poseedor de títulos de renta fija.

46. Las participaciones preferentes no disfrutan en general de una gran liquidez en el mercado.

47. Los *warrants* son productos financieros derivados muy similares en funcionamiento a las opciones.

48. Los *warrants* poseen como elementos fundamentales un precio de ejercicio, un vencimiento y un dividendo periódico.

49. Un *warrant CALL* otorga la posibilidad de vender un activo en el futuro a un precio de ejercicio determinado.

50. Es posible afirmar de manera bastante precisa que la prima es lo que nos cuesta adquirir el *warrant*.

51. La prima cotiza y su valor depende entre otros factores de las expectativas sobre el precio del subyacente.

52. A la hora de liquidar el *warrant* el vendedor debe entregar el activo subyacente al vendedor.

53. Un inversor dice que ha abierto una posición corta, por tanto, espera que la cotización del activo subyacente suba.

54. El inversor de la pregunta anterior puede haber adquirido un *warrant PUT.*

55. Los *warrants* son productos para inversores con un perfil adverso al riesgo.

56. Los *warrants* implican un alto nivel de apalancamiento.

57. Los *warrants* son emitidos por entidades financieras.

58. Un fondo de inversión implica una gestión profesional del dinero.

59. Los fondos de inversión se benefician de las economías de escala derivadas de los volúmenes manejados.

60. Los fondos de inversión son Instituciones de Inversión de Colectiva.

61. Los fondos de inversión son siempre de renta variable.

62. El depositario es el inversor que aporta su dinero para ser gestionado por la sociedad gestora.

63. Debido a la complejidad de manejar grandes patrimonios es más complicado para el fondo el acceder a mercados financieros más complejos.

64. La diversificación es uno de los rasgos más característicos de los fondos de inversión.

65. El valor liquidativo es el resultado de dividir el patrimonio total del fondo entre el número de partícipes.

66. El valor de liquidativo de adquisición y venta es lo que determina la ganancia o pérdida de la inversión en el fondo.

67. Una ventaja de la inversión en fondos es que apenas soporta comisiones.

68. Las comisiones de un fondo de inversión están implícitas en el valor liquidativo.

69. La CNMV es la encargada en España de la supervisión de las Instituciones de Inversión Colectiva.

70. El código ISIN de identificación es único para cada sociedad gestora.

71. En cualquier fondo de inversión cuando se venden participaciones se toma siempre como valor liquidativo el correspondiente al día de la venta.

72. Un partícipe en una SICAV paga solo un 1 % de impuestos cuando retira su dinero de la misma.

73. Un club de inversión tiene personalidad jurídica propia.

74. Los fondos de inversión únicamente pueden invertir en activos financieros puros como acciones, renta fija, etcétera.

75. Las SOCIMI invierten únicamente en activos de naturaleza inmobiliaria.

76. Los mercados de productos derivados están hechos para inversores avezados.

77. Los derivados financieros disfrutan de un elevado apalancamiento.

78. Los mercados OTC son mercados con productos estandarizados.

79. La cámara de compensación actúa como intermediario entre las partes para asegurar el cumplimiento de los contratos.

80. La cámara de compensación solicita garantía a los inversores.

81. La cámara de compensación en España es MEFF.

82. MEFF regula en España el mercado de derivados financieros.

83. Los productos derivados estandarizados más conocidos son los futuros y las opciones.

84. Los *swaps* son un producto estandarizado.

85. La diferencia entre un FRA y un futuro es que el primero no está estandarizado mientras que el segundo sí.

86. Una posición larga en un futuro implica beneficios potenciales ilimitados si sube el precio del activo subyacente.

87. Vender un futuro implica que el inversor que lo hace tiene expectativas bajistas sobre el precio del subyacente.

88. En un contrato de futuro es necesario esperar al vencimiento para cerrar la posición.

89. Al liquidar el contrato de futuros, las partes se obligan a la entrega del subyacente.

90. Los futuros se liquidan por diferencias.

91. Ante un mismo movimiento del subyacente, la inversión en futuros genera rentabilidades positivas o negativas mayores que las derivadas de invertir directamente en dicho subyacente.

92. Los FRA son contratos más rígidos que los futuros estandarizados.

93. Los FRA se liquidan por diferencias.

94. Los FRA de tipos de interés permiten cubrir las expectativas de prestamistas y prestatarios.

95. Los *swaps* solo se pueden realizar sobre tipos de interés.

96. Los derivados en general solo tienen un fin especulativo.

97. En un *swap* de tipos de interés se intercambian flujos de capital e intereses.

98. Un *swap* de tipos de interés permite protegerse a los prestatarios a tipo fijo ante bajadas en los tipos de interés y a prestamistas a tipo variable ante subidas en los mismos.

99. Las opciones son muy similares a los *warrants*.

100. Los *warrants* están garantizados por el emisor de los mismos.

101. La volatilidad mide la rentabilidad de una inversión.

102. Menor volatilidad implica por lo general menor riesgo.

103. En una compra de opción *CALL* las pérdidas se limitan al coste de adquisición de la prima.

104. Las posiciones abiertas en opciones solo se pueden cancelar al vencimiento.

105. Las opciones de tipo americano se pueden cancelar antes del vencimiento, mientras que las de tipo europeo no.

106. Cuando una opción está *Out of the Money* lo más conveniente será cerrar la posición para limitar las pérdidas.

107. La venta de una opción *PUT* en general es más arriesgada que una *CALL* comprada por ser en la primera las pérdidas ilimitadas.

108. Los rendimientos de capital mobiliario se integran con carácter general en la base del ahorro.

109. El tipo de tributación en esta base es un porcentaje único del 19 %.

110. En aquellos rendimientos sujetos a retención fiscal, el tipo vigente es del 19 %.

111. Se consideran deducibles todos los gastos de cualquier tipo en los que el inversor incurra en sus operaciones financieras.

112. Cuando en fiscalidad hablamos de valor de adquisición entendemos el precio de compra más los gastos inherentes a la misma.

113. Cuando en fiscalidad hablamos de valor de transmisión entendemos el precio de venta más los gastos inherentes a la misma.

114. La venta de derechos de suscripción presenta un tratamiento fiscal idéntico a la venta de acciones.

115. La ganancia patrimonial generada por la venta de acciones en un plazo inferior a un año desde la fecha de adquisición se integra en la base imponible del ahorro.

116. Una pérdida patrimonial generada en un periodo superior al año se integra en la base imponible general.

117. En el sistema fiscal español no se permite compensar pérdidas con ganancias patrimoniales bajo ningún concepto.

118. El beneficio obtenido por la venta de un bono en el mercado secundario es una ganancia patrimonial.

119. El pago del cupón periódico de intereses es un rendimiento de capital mobiliario.

120. Los fondos de inversión permiten diferir la tributación al momento de su reembolso.

121. La ganancia obtenida en un fondo de inversión no está sujeta a retención alguna.

122. A la hora de determinar la ganancia patrimonial, el precio de adquisición de las participaciones que se considera es siempre el de las últimas participaciones adquiridas.

123. Los beneficios o pérdidas obtenidos en la operativa con futuros y opciones tiene la consideración de ganancias o pérdidas patrimoniales respectivamente.

124. El valor de transmisión es el resultado de multiplicar los contratos adquiridos por el precio del subyacente a su venta minorado el resultado de la misma operación pero realizada sobre el precio de adquisición del contrato.

125. Las garantías aportadas son rendimiento de capital inmobiliario en todas las ocasiones.

126. El VAN permite evaluar solo proyectos de inversión.

127. El criterio del VAN es tan completo que suele ser suficiente para tomar una decisión en cuanto a si llevar a cabo una inversión o no.

128. Una tasa de descuento útil puede ser la de un activo financiero sin riesgo.

129. Los desembolsos de dinero son flujos de caja positivos.

130. El VAN se basa en el valor temporal del dinero.

131. Los flujos de caja han de ser siempre negativos o siempre positivos.

132. Menores tasas de descuento implican menores valores de VAN y, por tanto, más atractiva es la inversión.

133. Los proyectos de inversión evaluados mediante el VAN se deben ordenar de mayor a menor valor de este y rechazar aquellos de signo negativo.

134. Para el valor de la TIR obtenido, el VAN siempre es nulo.

135. El TIR se expresa en porcentaje y el VAN en unidades monetarias.

136. Si financiar una inversión nos cuesta un interés del 3,5 % y la TIR de esta es del 2 %, la llevaremos a cabo, pues su rentabilidad es positiva.

137. El precio que se debe pagar por un bono hoy en el mercado secundario equivale al VAN de sus flujos futuros.

138. La TIR de un bono es su rentabilidad teniendo en cuenta su coste de adquisición y sus flujos futuros.

139. El plazo de recuperación es el criterio más fiable de los tres que hemos visto.

140. El plazo de recuperación tiene cuenta el valor temporal del dinero.

141. El *payback* se expresa en años o cualquier otra unidad de tiempo.

142. Cuando los flujos de un proyecto de inversión son iguales y perpetuos, el plazo de recuperación es la inversa de la TIR.

143. Cuanto mayor sea el *payback* mejor será la alternativa de inversión.

144. Los criterios de imagen, solvencia, valor de mercado, etc., se complementan con los criterios vistos a la hora de tomar una decisión de inversión.

145. La TIR puede ofrecer valores incongruentes en caso de flujos de caja mixtos.

Problemas propuestos

1. Calcular la TAE de una imposición a plazo que rinde un 2 % efectivo trimestral.

2. Calcular la TIR de un bono que paga un 7 % de interés anual y que se adquirió en el mercado secundario por 1030 €.

3. Usted adquiere un bono por 1000 € que vence dentro de 5 años y paga un cupón anual del 5 %. ¿Cuál es su precio si nada más adquirirlo la prima de riesgo es de 100 puntos básicos?

4. Calcular el importe del beneficio bruto obtenido en la compra de una letra del tesoro a 3 mese que adquirimos por 967,32 €.

5. En la letra del tesoro del problema anterior, ¿cuál es la rentabilidad bruta obtenida?

6. En el problema anterior, ¿cuál es la rentabilidad bruta obtenida?

7. ¿Cuál será el valor efectivo de compra si un inversor adquiere 3000 acciones de una sociedad a 3 €/acción siendo los gastos del bróker del 3 por mil del nominal de la compra?

8. Calcular la rentabilidad obtenida por un inversor que compra títulos a 13,09 € y los vende a 12,50 €.

9. Si el bono alemán rinde un 0,3 % y la prima de riesgo del bono español equivalente es de 300 puntos básicos, ¿cuál es el rendimiento del bono español?

10. Un inversor adquiere 100 contratos de *warrants CALL* de una empresa pagando 0,23 € por contrato. Si el precio de ejercicio es de 15 €, calcular la pérdida en la que incurrirá si al deshacer la posición el precio del subyacente es 12 €.

11. En el caso del problema anterior, ¿cuál sería el beneficio bruto por contrato suponiendo que el precio del subyacente fuese 20 €?

12. Si vendemos una opción PUT por un valor de 300 €, ¿cuál es el máximo beneficio en el que es posible incurrir?

13. Calcular la ganancia patrimonial de un inversor que adquirió 200 participaciones de un fondo de inversión a 35 € posteriormente 100 participaciones a 23 €. Finalmente decide vender 250 participaciones y lo hace a 50 €.

14. Adquirimos un contrato de compra de futuros sobre el brent (petróleo) con un precio de ejercicio de 97 $. Si queremos deshacer la posición y el precio de barril en el mercado es de 90 $, ¿cuál es *a priori* la pérdida?

15. Un inversor adquirió participaciones de un fondo de inversión por importe total de 12 000 €. El valor en el mercado hoy de las mismas asciende a 13 500 €. ¿Cuál es coste fiscal de la revalorización?

16. Si el inversor anterior hubiera realizado cualquiera de esas dos transacciones habiendo transcurrido menos de un año entre la compra y la venta de las participaciones, ¿cuál sería el coste fiscal?

17. Una empresa decide acometer una inversión por importe de de 50 000 € que prevé le reporte flujos de caja por valor de 20 000 €. ¿Cuánto tiempo tardará en recuperar la inversión?

18. Una empresa pretende llevar a cabo un proyecto de financiación para lo cual necesita pedir un préstamo al 4 % de interés, si calculada la TIR esta resulta ser un 7 %, ¿se llevaría a cabo la inversión?

19. Del problema anterior, si no hubiera necesidad alguna de pedir un préstamo al disponer la empresa de fondos suficientes para acometerlo por sí misma, y la TIR resulta de un 7 % siendo la rentabilidad de un activo sin riesgo un 8 %, ¿se llevaría a cabo la inversión?

Casos prácticos

CASO PRÁCTICO 1

Imagina que tus padres te comentan que tienen unos ciertos ahorros y que, para compensar un poco la inflación, en su entidad bancaria les han ofrecido la compra bonos del Estado con un tipo de interés fijo del 3 % anual y vencimiento a 10 años. El gestor comercial les ha dicho que son totalmente seguros y que es prácticamente imposible perder el capital invertido. En función de tus conocimientos, ¿crees que esto es cierto?

Orientación al Caso Práctico 1

En realidad, sí se puede perder dinero con la renta fija, si este tipo de activos se venden antes del vencimiento y los tipos de interés han subido desde la compra del bono. La razón es que, al subir los tipos de interés disminuye el precio del bono haciendo que perciban por este al venderlo, un importe inferior al que pagaron por él a su contratación.

CASO PRÁCTICO 2

Un amigo tuyo te dice que en ningún mercado financiero se puede ganar dinero cuando el mercado está bajando. ¿Podrías poner un ejemplo práctico de por qué esto no es necesariamente así y por tanto se puede ganar dinero cuando un mercado cae?

Orientación al Caso Práctico 2

Imagina que crees que las acciones de la empresa XYZ van a bajar de precio en los próximos meses, puedes decidir comprar opciones de venta (*put*) de XYZ. Una opción de venta te da el derecho, pero no la obligación, de vender acciones de XYZ a un precio específico (precio de ejercicio) antes de una fecha determinada (fecha de vencimiento).

Compras opciones de venta con un precio de ejercicio de 50 €, pagando una prima por cada opción. Supongamos que el precio actual de las acciones de XYZ es 55 €.

Efectivamente, después de unas semanas, el mercado se vuelve bajista y el precio de las acciones de XYZ cae a 40 €, ahora tiene la opción de vender acciones de XYZ a 50 €, aunque el precio actual de mercado es 40 €.

Pedro puede ejercer sus opciones de venta y vender las acciones a 50 €, obteniendo una ganancia de 10 € por acción (menos la prima pagada por la opción). Alternativamente, puede vender las opciones en el mercado por un precio más alto del que pagó inicialmente, ya que ahora valen más debido a la disminución del precio de las acciones.

CASO PRÁCTICO 3

Evaluación de la compra de una máquina

Situación:

La dirección de una empresa está considerando la compra de una nueva máquina que cuesta 50 000 €. La máquina generará los siguientes flujos de efectivo en los próximos cinco años:

- Año 1: 10 000 €
- Año 2: 12 000 €
- Año 3: 12 500 €
- Año 4: 13 000 €
- Año 5: 15 000 €

Han calculado el periodo de recuperación (*payback*) para esta inversión.

Cálculo del *payback*:

El periodo de recuperación es el tiempo que se tarda en recuperar la inversión inicial con los flujos de efectivo generados por la máquina.

El *payback* ocurre entre el año 4 y el 5.

Limitaciones del *payback*:

- Ignora el valor del dinero en el tiempo: no considera que el dinero hoy vale más que el dinero en el futuro.

- No mide la rentabilidad: no muestra si la inversión generará una ganancia suficiente sobre el costo del capital.

- No considera flujos de efectivo después del *payback*: ignora los flujos de efectivo que ocurren después de que se recupera la inversión inicial, lo que puede subestimar los beneficios totales de la inversión.

Métodos alternativos: VAN y TIR

1. Valor actual neto (VAN):

- El VAN descuenta todos los flujos de efectivo futuros al valor presente usando una tasa de descuento (por ejemplo, el costo de capital de la empresa).

- Si el VAN es positivo, la inversión generará un retorno superior al costo del capital y, por lo tanto, es beneficiosa.

2. Tasa interna de retorno (TIR):

- La TIR es la tasa de descuento que hace que el VAN sea cero.

- Si la TIR es mayor que el costo de capital, la inversión es atractiva.

Por qué VAN y TIR son mejores:

- Consideran el valor del dinero en el tiempo: descuentan los flujos de efectivo futuros, reflejando mejor la verdadera rentabilidad de la inversión.

- Miden la rentabilidad: VAN muestra el valor añadido por la inversión en términos absolutos, mientras que TIR proporciona una tasa de retorno porcentual.

- Consideran todos los flujos de efectivo: evalúan todos los flujos de efectivo durante la vida útil de la inversión, no solo hasta que se recupera la inversión inicial.

Glosario

Derivados financieros: Contratos financieros cuyo valor se basa en el precio de un activo subyacente, como acciones, bonos, materias primas, monedas, índices de mercado o tasas de interés. Incluyen opciones, futuros, forwards y swaps.

FGD (Fondo de Garantía de Depósitos): Mecanismo que protege a los depositantes en caso de quiebra de una entidad financiera, garantizando la devolución de sus depósitos hasta un cierto límite establecido por la legislación.

Payback: Período de recuperación de la inversión, es decir, el tiempo que se tarda en recuperar el costo inicial de una inversión a través de los flujos de caja netos que genera. No tiene en cuenta el valor del dinero en el tiempo.

PIP (Punto Básico): Unidad de medida en los mercados financieros que representa una centésima de un punto porcentual (0.01%). Se utiliza comúnmente para describir cambios en tasas de interés y otros porcentajes financieros. Por ejemplo, un cambio de 50 puntos básicos en una tasa de interés del 2 % la llevaría al 2.5 %.

Prima de riesgo: Diferencia entre el rendimiento de un activo financiero y el rendimiento de un activo libre de riesgo (como los bonos del tesoro). Refleja el riesgo adicional que los inversores asumen al invertir en un activo más riesgoso.

Rating: Calificación crediticia otorgada por agencias especializadas que evalúa la capacidad y disposición de una entidad (como un país, empresa o instrumento financiero) para cumplir con sus obligaciones financieras.

SICAV (Sociedad de Inversión de Capital Variable): Vehículo de inversión colectiva que permite a los inversores participar en una cartera diversificada de activos, caracterizado por su flexibilidad en la entrada y salida de capital y ventajas fiscales en algunos países.

SWAP: Contrato financiero en el que dos partes acuerdan intercambiar flujos de caja futuros según términos preestablecidos. Los swaps más comunes son los de tipos de interés y los de divisas.

TAE (Tasa Anual Equivalente): Indicador del coste o rendimiento efectivo de un producto financiero que incluye no solo el interés nominal, sino también comisiones y otros gastos asociados, expresado en términos anuales.

TIR (Tasa Interna de Retorno): Tasa de descuento que iguala el valor presente de los flujos de caja futuros de una inversión con su costo inicial. Representa la rentabilidad esperada de un proyecto y se utiliza para comparar la viabilidad de diferentes inversiones.

VAN (Valor Actual Neto): Indicador financiero que mide el valor presente de los flujos de caja futuros generados por una inversión, descontados a una tasa de descuento determinada, menos la inversión inicial. Se utiliza para evaluar la rentabilidad de un proyecto.

Warrant: Instrumento financiero derivado que otorga a su titular el derecho, pero no la obligación, de comprar o vender un activo subyacente a un precio determinado en o antes de una fecha específica.

Bibliografía

Bodie, Z.; Kane, A.; Marcus, A. J. (2019). *Inversiones* (10.ª ed.). McGraw-Hill.

Benito, S.; Tapia, A. (2020). *Fondos de inversión: Análisis y selección*. Profit Editorial.

Paramés, F. (2017). Invirtiendo a largo plazo. Ediciones Deusto.

Muñoz, F. (2018). *Derivados financieros: Teoría y práctica*. Paraninfo.

Brealey, R. A.; Myers, S. C.; Allen, F. (2020). *Principios de finanzas corporativas* (13.ª ed.). McGraw-Hill.

ENLACES

MEFF (2024). *Página principal de MEFF*.
Recuperado de https://www.meff.es

MEFF (2024). *Página principal de MEFF*.
Recuperado de https://www.bolsasymercados.es/docs/BME/docsSubidos/
Guia-Fiscal-basica-de-Productos-Financieros-marzo-2022.pdf

Morningstar (s. f.). Morningstar | Fondos de inversión.
Recuperado de https://www.morningstar.es/es/funds/default.aspx

Héctor Mohedano (mayo 2023). *Curso completo de renta fija para ser un experto!!* [Vídeo]. YouTube.
https://youtu.be/58vpD-xh-D8?si=_4sn1EBkoQG1WTSI

Economic Pills (diciembre 2017). *Clase ultra didáctica de derivados: Forwards, futuros y opciones.* [Vídeo]. YouTube.
https://youtu.be/U1qvH5roZ5U?si=FbGuH6IwPKWJpVAI